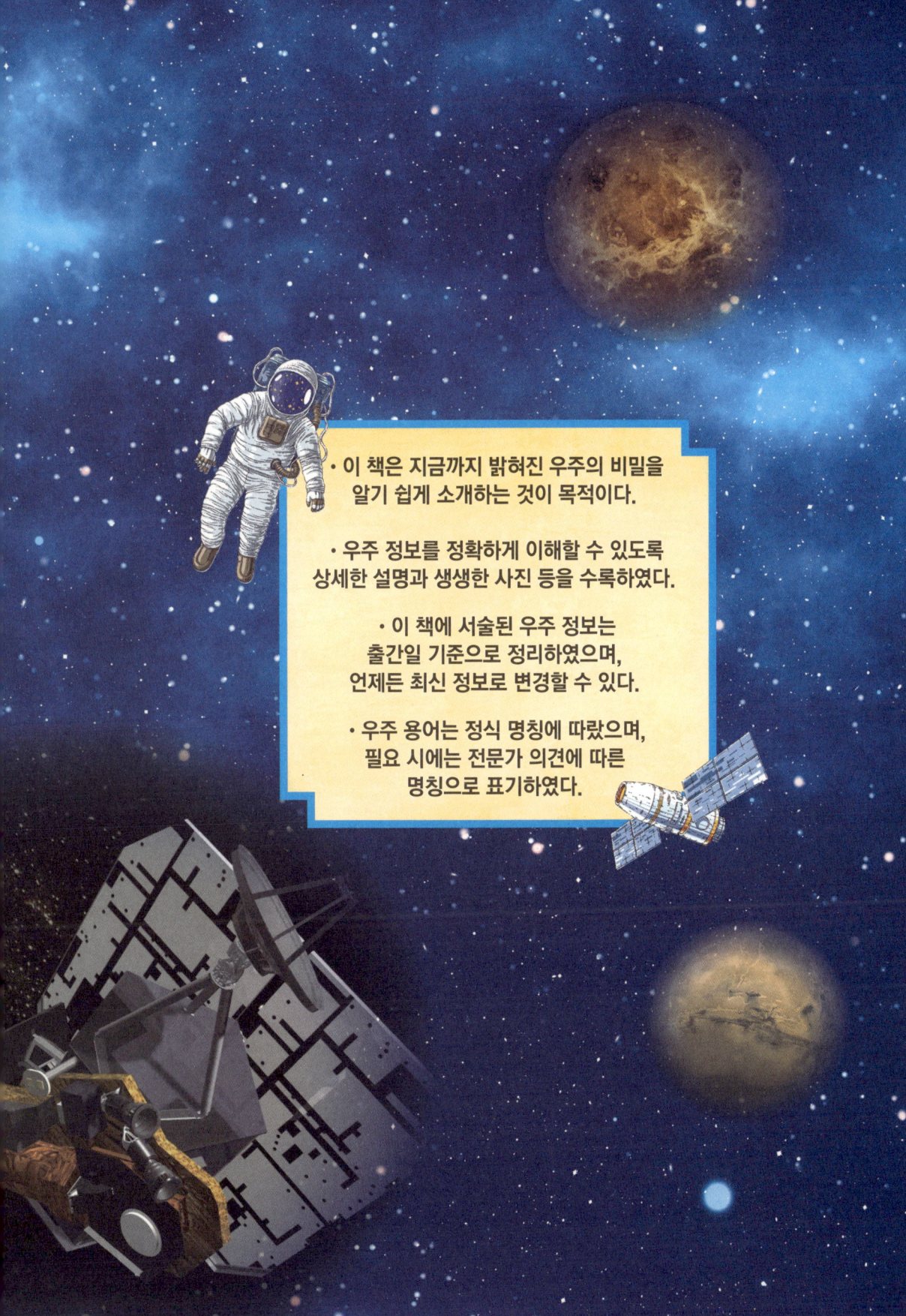

- 이 책은 지금까지 밝혀진 우주의 비밀을 알기 쉽게 소개하는 것이 목적이다.

- 우주 정보를 정확하게 이해할 수 있도록 상세한 설명과 생생한 사진 등을 수록하였다.

- 이 책에 서술된 우주 정보는 출간일 기준으로 정리하였으며, 언제든 최신 정보로 변경할 수 있다.

- 우주 용어는 정식 명칭에 따랐으며, 필요 시에는 전문가 의견에 따른 명칭으로 표기하였다.

宇宙の謎大百科
UCHU NO NAZO DAIHYAKKA edited by Rekka-sha
Copyright©2015 Rekka-sha
All rights reserved.
Original Japanese edition published by KANZEN Inc.
This Korean edition is published by arrangement with KANZEN Inc.,Tokyo
in care of Tuttle-Mori Agency,Inc.,Tokyo through Enters Korea Co.,Ltd.,Seoul.

이 책의 한국어판 저작권은 (주)엔터스코리아를 통해 저작권자와의 독점 계약으로 ㈜글송이에 있습니다.
저작권법에 의하여 한국 내에서 보호를 받는 저작물이므로 무단 전재와 무단 복제를 금합니다.

2023년 8월 10일 초판 3쇄 펴냄

편저 · 레커사
감수 · 최기영 (인하대학교 항공우주공학과 교수)
옮김 · 김소영
사진 제공 · NASA, 게티이미지뱅크

펴낸이 · 이성호
펴낸곳 · (주)글송이

편집/디자인 · 이여주, 오영인, 임주용
마케팅 · 이성갑, 윤정명, 이현정, 문현곤, 이동준
경영지원 · 최진수, 이인석, 진승현

출판 등록 · 2012년 8월 8일 제 2012-000169호
주소 · 서울시 서초구 능안말 1길 1(내곡동)
전화 · 578-1560~1 **팩스** · 578-1562
이메일 · gsibook01@naver.com

ISBN 979-11-7018-519-2 74440
      979-11-7018-518-5 (세트)

*이 도서의 국립중앙도서관 출판예정도서목록(CIP)은 서지정보유통지원시스템 홈페이지 (http://seoji.nl.go.kr)와
 국가자료종합목록시스템 (http://www.nl.go.kr/kolisnet)에서 이용하실 수 있습니다.(CIP 제어번호 : CIP2019021791)
*잘못 만들어진 책은 바꾸어 드립니다.

궁금한 우주 NEWS
태양보다 120억 배 큰 초대형 블랙홀! • 8
실패로 끝난 '구글 루나 엑스프라이즈'! • 10
소행성 탐사선, '하야부사 2' 발사 성공! • 12

제1장 우주는 어떤 곳일까?
우주는 어디서부터 시작될까? • 14
우주 공간은 어떤 곳일까? • 16
- 항성 • 17
- 행성/그 외 다양한 천체 • 18
- 성운 • 19
- 은하·은하단 • 20

우리 태양계는 어떤 곳일까? • 22
- 태양 • 25
- 수성 • 26
- 금성 • 27
- 지구 • 28
- 화성 • 29
- 목성 • 30
- 토성 • 31
- 천왕성 • 32
- 해왕성 • 33
- 명왕성·왜소행성 • 34
- 소행성 • 35
- 혜성 • 36
- 유성·운석 • 37

우주의 비밀에 관한 궁금증 Q&A • 38

제2장 우주의 신비
대우주 편
우주는 어떻게 탄생했을까? • 42
빅뱅을 일으킨 불덩이는 어떻게 생겨났을까? • 43
우주는 지금도 팽창하고 있을까? • 44
과연 우주는 미래에 어떻게 될까? • 45
항성과 행성은 어떻게 다를까? • 46
별은 영원히 살 수 있을까? • 47
별들의 수명은 모두 같을까? • 48

블랙홀의 정체는 무엇일까? · 49
중성자별이란 어떤 별일까? · 50
암흑물질의 진짜 정체는 무엇일까? · 51
암흑에너지의 진짜 정체는 무엇일까? · 52
중성미자는 정말 존재할까? · 53
퀘이사는 과연 얼마나 밝을까? · 54
가장 거대한 별은 무엇일까? · 55
다이아몬드로 이루어진 행성이 있을까? · 56
지구와 꼭 닮은 행성이 있을까? · 57
우주 어딘가에 다른 생명체가 존재할까? · 58

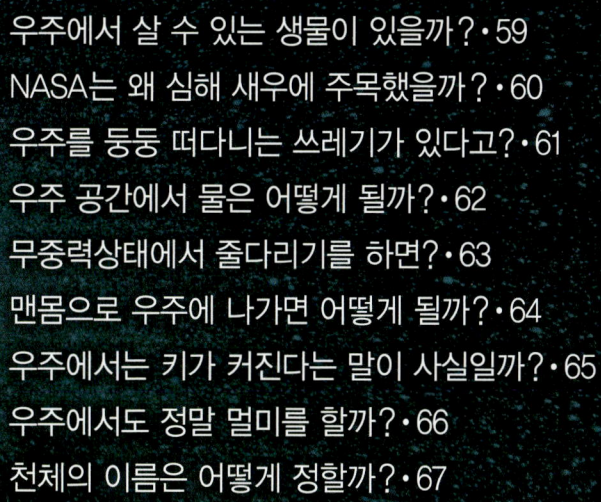

우주에서 살 수 있는 생물이 있을까? · 59
NASA는 왜 심해 새우에 주목했을까? · 60
우주를 둥둥 떠다니는 쓰레기가 있다고? · 61
우주 공간에서 물은 어떻게 될까? · 62
무중력상태에서 줄다리기를 하면? · 63
맨몸으로 우주에 나가면 어떻게 될까? · 64
우주에서는 키가 커진다는 말이 사실일까? · 65
우주에서도 정말 멀미를 할까? · 66
천체의 이름은 어떻게 정할까? · 67

태양계 편

태양계는 어떻게 생겨났을까? · 70
태양은 어떻게 빛을 낼 수 있을까? · 72
지구는 과연 태양의 영향을 받을까? · 73
태양의 수명은 얼마나 될까? · 74
수성은 어떤 특징을 가진 행성일까? · 75

수성에 가려진 미지의 행성이 있을까? · 76
금성은 지구와 얼마나 닮았을까? · 77
지구에는 어떻게 바다가 있을까? · 78
지구 생물들의 진짜 고향은 어디일까? · 79
지구에서 가장 거대한 크레이터는? · 80
거대 소행성을 파괴할 수 있을까? · 81
지구 주위를 도는 달은 어떻게 생겨났을까? · 82
일식은 왜 일어나는 걸까? · 83
월식은 왜 일어나는 걸까? · 84
달의 토지를 사는 것이 가능할까? · 85
달의 암석이란 무엇일까? · 86

달에 정말로 물이 존재할까? · 87
화성은 어떤 특징을 가진 행성일까? · 88
화성에 과연 생물이 존재할까? · 89
소행성대란 무엇일까? · 90
목성은 어떤 특징을 가진 행성일까? · 91
토성은 어떤 특징을 가진 행성일까? · 92
천왕성은 어떤 특징을 가진 행성일까? · 93
해왕성은 어떤 특징을 가진 행성일까? · 94
명왕성은 왜 행성에서 퇴출되었을까? · 95

태양계 바깥쪽에는 무엇이 있을까? · 96
혜성의 꼬리는 어떻게 생겨났을까? · 97
혜성은 다른 천체와 충돌하지 않을까? · 98
태양계의 가장 끝은 어떤 곳일까? · 99

우주개발 편

우주기구에서는 무슨 일을 할까? · 102
우주인이 우주에 갈 수 있는 방법은? · 104
최초의 인공위성은 무엇일까? · 106
인공위성이 아래로 떨어지지 않는 이유는? · 108
최초로 우주에 간 동물은 누구일까? · 109
우주정거장이란 무엇일까? · 110
우주망원경은 어떤 일을 할까? · 112

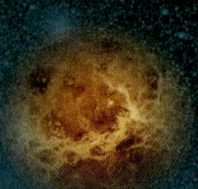

우주탐사선은 어떤 일을 할까? · 114
우주에 태양광 발전소를 세운다고? · 116
우주에서 장례식을 치를 수 있다고? · 117
우주복에는 어떤 기능이 있을까? · 118
우주 기술이 과연 실생활에 도움이 될까? · 120
우주에서는 어떤 음식을 먹을까? · 122

제3장 우주로 날아가자!

우주에 가려면 어떻게 해야 할까? · 124
우주여행을 할 수 있는 날이 과연 올까? · 126
우주인이 되려면 어떻게 해야 할까? · 130
우주인을 향해 한 걸음 더! · 136
우주인 선발에 관한 궁금증 Q&A · 137
우주에서 사는 것이 가능할까? · 138
우주에 가지 않고 지구의 모습을
찍을 수 있을까? · 142
우주개발에 관한 궁금증 Q&A · 144

제4장 우주 자료실

우주 용어 사전 · 146
세계 우주개발의 역사 · 150
우리나라의 우주개발 · 151
세계의 우주 발사장 · 152
별자리의 세계 속으로! · 154
봄철 별자리 · 156
여름철 별자리 · 157
가을철 별자리 · 158
겨울철 별자리 · 159
색인 · 160

태양보다 120억 배 큰 초대형 블랙홀!

2015년 2월 25일, 중국 베이징대학의 천문학자 우쉐빙 교수의 연구팀은 세계적인 학술 잡지《네이처》에 깜짝 놀랄 만한 연구 결과를 발표했다.
그것은 태양을 무려 120억 개나 합친 질량과 맞먹는 초대형 블랙홀을 발견했다는 믿기 어려운 내용이었다.
이 블랙홀은 우주 나이가 약 9억 년일 때 탄생했다고 추측된다. 사람의 나이로 말하면 100살 노인이 6살에 해당된다. 그러나 과학자들은 이 블랙홀이
약 9억 년 만에 이렇게 빨리 거대한 크기로 성장했는지는 원인을 밝혀내지 못했다.
과연 이 초대형 블랙홀은 어떻게 생겨난 걸까?
전 세계의 과학자들을 고민에 빠지게 만들, 우주의 새로운 비밀이 열리고 있다.

궁금한 우주 NEWS

실패로 끝난 '구글 루나 엑스프라이즈'!

2004년 미국에서는 준궤도 우주 비행 경기인 '안사리 엑스프라이즈'가 개최되었다. 그 후 2007년, 이 경기를 개최한 엑스프라이즈 재단은 미국의 구글과 손을 잡고 세계 최초로 달 표면에서 펼치는 무인 탐사선 경기인, '구글 루나 엑스프라이즈'를 열었다. 경기 방법은 지구에서 원격 조종으로 무인 탐사선을 달 표면에 안전하게 착륙시킨 뒤, 크레이터(행성, 위성 등의 표면에 보이는 움푹 파인 큰 구덩이)나 암석을 피해 최소 500m 이상을 달리게 한다. 그런 다음 달의 동영상과 사진을 촬영하여 가장 빨리 지구로 전송하는 팀이 우승하게 된다. 2012년을 목표로 했던 경기는 2018년 3월 31일까지 미뤄졌으나 임무에 성공한 팀이 없어 아무도 상금을 받지 못했다.

달 표면에서 펼쳐지는 무인 탐사선 경기!

궁금한 우주 NEWS

소행성 탐사선의 특별한 여행이 시작되다!

소행성 탐사선, '하야부사 2' 발사 성공!

2003년에 발사된 일본 최초의 소행성 탐사선인 '하야부사 1'은 2010년 세계 최초로 소행성 '이토카와'에서 시료를 가지고 오는 데 성공했다. 하야부사 1의 성공을 바탕으로 일본우주항공연구개발기구(JAXA)는 '하야부사 2'의 발사 계획을 발표했다. 그리고 2014년 12월 3일, 하야부사 2는 다네가시마우주센터에서 우주로 먼 여행을 떠났다. 이번 여행의 목표는 소행성 '류구'이다.
이후 약 3년 6개월에 걸쳐 태양 궤도를 돌면서 2018년 6월 류구 상공에 접근했다. 하야부사 2는 2020년 말쯤 채취한 시료를 갖고 지구로 돌아올 예정이다.

제 1 장
우주는 어떤 곳일까?

우주는 얼마나 신비로운 세계일까?
제1장에서는 광활한 우주 공간과
우리가 살고 있는 태양계에 관한
신기하고, 놀라운 이야기를 소개한다.

우주는 어디서부터 시작될까?

우주 공간이 시작되는 지점

지구의 주위는 산소나 이산화탄소, 질소 등을 주요성분으로 하는 대기로 뒤덮여 있다. 대기는 지표면으로부터 거리에 따라 5개의 층으로 나뉘는데, 지구에서 점점 멀어지다 결국 우주 공간에 도달한다. 그렇다면 어디서부터가 우주 공간일까?
이에 대한 대답은 아직 확실하지 않지만 국제항공연맹에서는 고도 100km 이상을, 미국 공군에서는 고도 80km 이상을 우주 공간으로 정하고 있다.

대기권의 구분	지표면에서의 거리
외기권	690 ~ 10,000km
열권	85 ~ 690km
중간권	50 ~ 85km
성층권	11 ~ 50km
대류권	0 ~ 11km

제 1 장 · 우주는 어떤 곳일까?

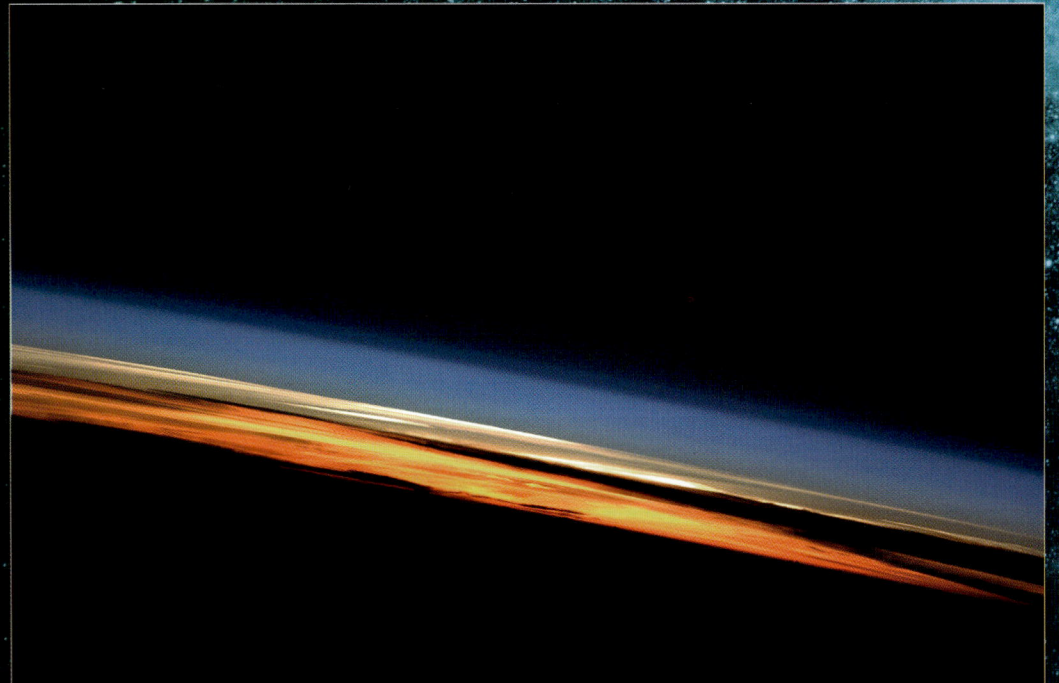

노을이 질 무렵 국제우주정거장에서 본 지구. 푸르게 보이는 부분이 바로 대기층이다.

대기권의 구조

지구의 대기층마다 기압(공기가 누르는 힘)이나 온도는 서로 다른 특징을 보인다. 우주가 시작되는 범위에 대해서는 과학자들 사이에도 다양한 의견들이 있지만, 일반적으로는 지표면으로부터 100km로 정하고 있다.

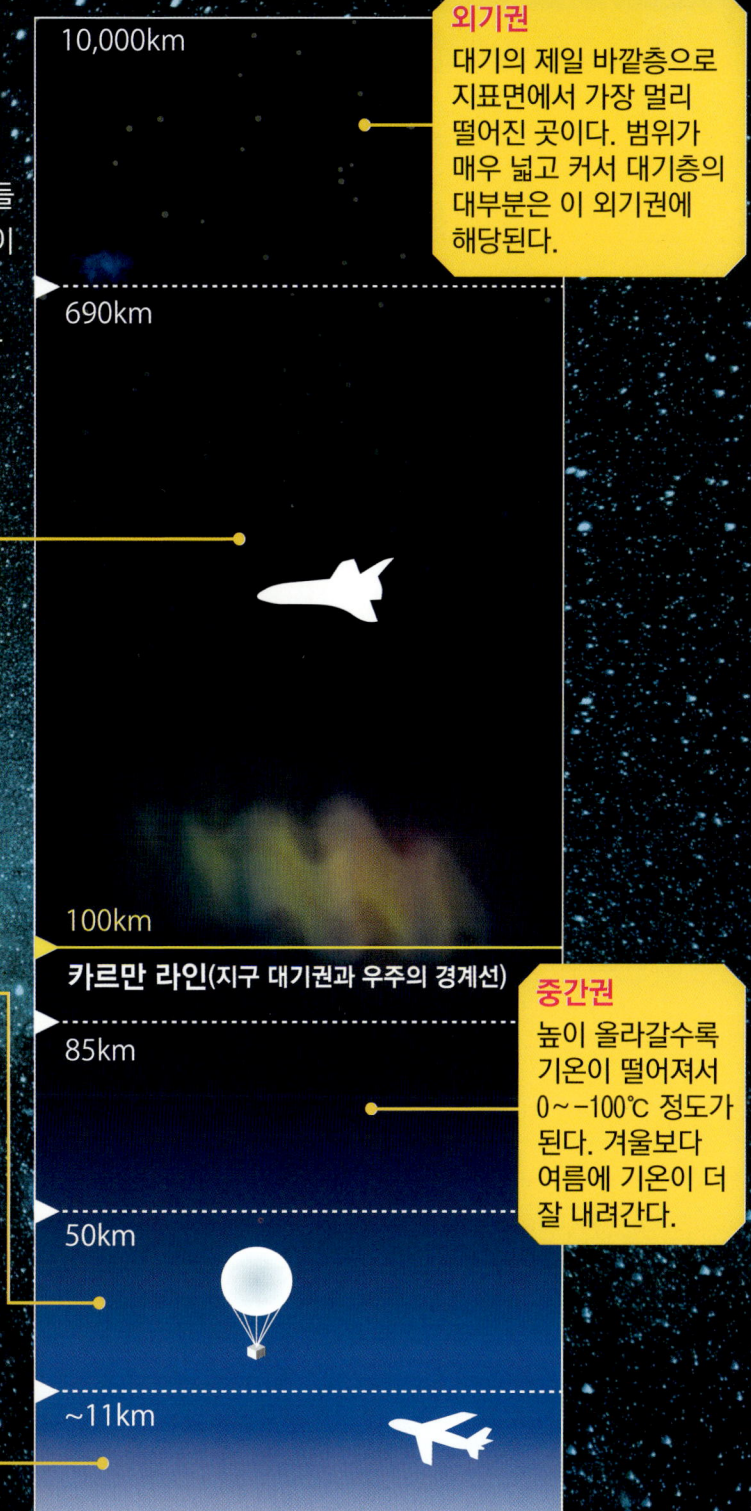

외기권
대기의 제일 바깥층으로 지표면에서 가장 멀리 떨어진 곳이다. 범위가 매우 넓고 커서 대기층의 대부분은 이 외기권에 해당된다.

열권
태양이 뿜어내는 에너지의 대부분을 흡수하는 층이다. 높이 올라갈수록 기온도 같이 높아지는데, 최고 온도는 2000℃이다.

성층권
오존층이 있는 곳이다. 태양의 자외선을 흡수하기 때문에 높이 올라갈수록 기온이 높아져서 -70~0℃ 정도가 된다.

중간권
높이 올라갈수록 기온이 떨어져서 0~-100℃ 정도가 된다. 겨울보다 여름에 기온이 더 잘 내려간다.

대류권
대기의 최하층이다. 지표면에서 약 11km 정도이지만 정확한 경계는 계절과 지역에 따라 변한다. 비, 구름, 눈 등 기상 현상이 일어난다.

10,000km
690km
100km
카르만 라인(지구 대기권과 우주의 경계선)
85km
50km
~11km

제1장 · 우주는 어떤 곳일까?

우주 공간은 어떤 곳일까?

제1장 · 우주는 어떤 곳일까?

상상할 수 없을 만큼 놀라운 곳

우주 공간이란 어떤 곳일까? 지상과 가장 크게 다른 점은 중력이 없는 것처럼 느껴지는 무중력상태라는 것이다. 무중력상태에서는 모든 물체의 무게가 없어지기 때문에, 물체가 공중에 둥둥 떠다니게 된다. 또 공기가 거의 없다는 것도 중요한 특징이다. 태양이나 다른 별들이 내뿜는 강력한 자외선이나 방사선 등도 막지 못하기 때문에, 지상과는 비교할 수 없을 정도로 위험한 세계이다.

무중력 세계

무게를 전혀 느끼지 못하고, 위쪽과 아래쪽을 느끼는 감각도 사라진다.

진공 세계
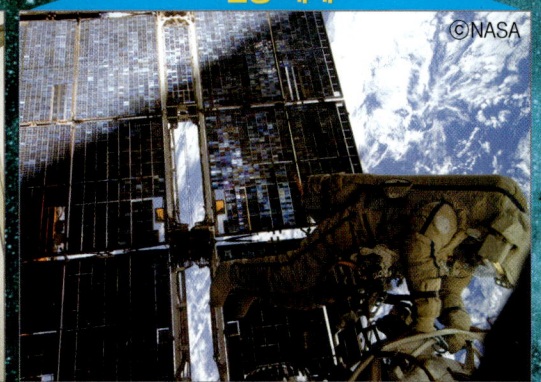
우리가 상상하는 것보다 훨씬 더 위험한 곳이기 때문에 반드시 우주복을 입어야 한다.

무수한 천체가 흩어져 있는 공간

현재의 우주는 약 138억 년 전에 탄생했다고 추측된다. 우주는 탄생 이후부터 계속 엄청난 속도로 커지고 있기 때문에, 현재 정확히 얼마나 큰지 예상하기는 어렵다. 우주 안에 존재하는 천체의 수도 어마어마한데, 수천만 개에서 수백조 개의 별들이 모인 은하가 최소 1700억 개 이상 있다고 알려졌다.

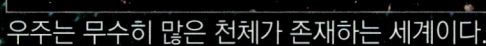
우주는 무수히 많은 천체가 존재하는 세계이다.

우주에 존재하는 다양한 천체

우주 공간에는 지구나 태양 외에도 암석이나 광물, 가스 등 다양한 것들이 떠다니고 있다. 천체는 우주 공간에 떠 있는 온갖 물체를 뜻하는 말인데, 특히 어느 정도 뭉쳐져 모양이 만들어진 것을 가리킨다. 우주에 존재하는 수많은 천체 중 가장 대표적인 것과 그 특징에 대해 알아보자.

항성

밤하늘에 빛나는 수많은 빛의 대부분은 '항성'이라 불리는 천체이다. 거대한 가스 덩어리로 이루어진 항성의 주요성분은 수소나 헬륨 등이다. 내부에서는 핵융합 반응을 계속 일으키고, 그 힘으로 빛이나 뜨거운 열 등의 에너지를 밖으로 뿜어낸다. 항성의 색깔은 표면 온도를 나타내는데, 붉은색 별은 약 3000℃, 노란색 별은 약 6000℃, 흰색 별은 약 10000℃이며 온도가 더 높아지면 푸르스름해진다.

거문고자리에서 가장 밝은 별인 '베가'는 푸르스름하여 표면 온도가 매우 높다는 사실을 알 수 있다.

고래자리의 '미라'는 탄생한 후 오랜 세월이 지난 항성인 적색거성에 속한다. 거대하고 붉은빛을 띤다.

행성

항성의 강한 인력의 영향으로 타원 궤도를 그리며, 항성의 주위를 도는 천체를 말한다. 태양계 안에는 지구와 같은 8개의 주요 행성과 아주 많은 수의 소행성이 있다. 행성은 스스로 빛을 내지 못하고, 항성의 빛을 받아 반사한다. 지구와 가까운 행성인 금성이나 화성은 태양 빛을 반사하여 빛이 나는 것처럼 보이는 것이다.

ⒸNASA/Apollo 17 crew; taken by either Harrison Schmitt or Ron Evans

우리가 살고 있는 지구도 태양이라는 항성의 주위를 도는 행성 중의 하나이다.

그 외 다양한 천체

우주에는 항성이나 행성 외에도 백색왜성, 갈색왜성, 중성자별, 블랙홀 등 다양한 천체가 있다. 이들은 모두 항성이 수명을 마치고 다른 형태로 변한 것이라고 추측된다. 그러나 이들 천체는 관측된 경우가 매우 적고, 지구에서 너무 멀리 떨어진 위치에 있기 때문에 아직 밝혀지지 않은 비밀이 많다.

ⒸNASA/JPL-Caltech

블랙홀의 존재는 이미 잘 알려져 있지만, 아직도 신비스러운 비밀을 간직하고 있다.

성운

우주 공간에는 '우주먼지'라 불리는 아주 미세한 작은 알갱이나 성간가스(항성과 항성 사이에 존재하는 가스) 등도 떠다닌다. 이러한 물질이 모여서 밀도가 높아진 공간을 '성운'이라고 하는데, 흰 구름처럼 보인다. 성운은 성질에 따라 '방출성운', '반사성운', '암흑성운'으로 나뉜다.

ⒸESO/T.Preibisch

방출성운

'방출성운'은 중심에 있는 밝은 별들로부터 나오는 빛을 받아 스스로 빛을 내는 성운을 말하며, 붉게 보이는 것이 특징이다. 반대로 주위에 있는 밝은 별빛을 반사하여 빛을 내는 성운을 '반사성운'이라고 하며, 푸르게 보인다.

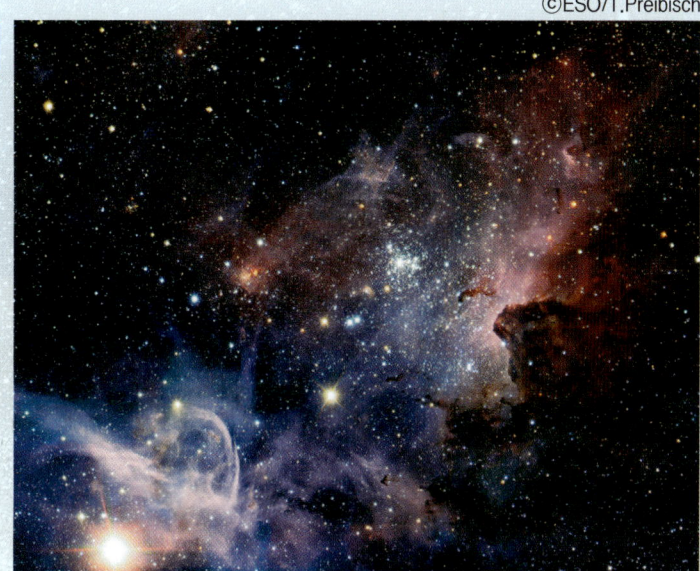

용골자리의 '에타카리나 성운'. 매우 아름다운 방출성운 중 하나이다.

암흑성운

은하의 곳곳에서 어둡게 보이는 성운으로, 매우 두터운 우주 먼지층을 갖고 있다. 지구와 별 사이에 있는 짙은 가스나 먼지 등이 뒤에서 오는 별빛을 가려 검은 구름처럼 보이는 성운이다. 빛을 내뿜지 않는 성질 때문에 맨눈으로 관측하기 어려워 특수 장비를 사용해야 한다.

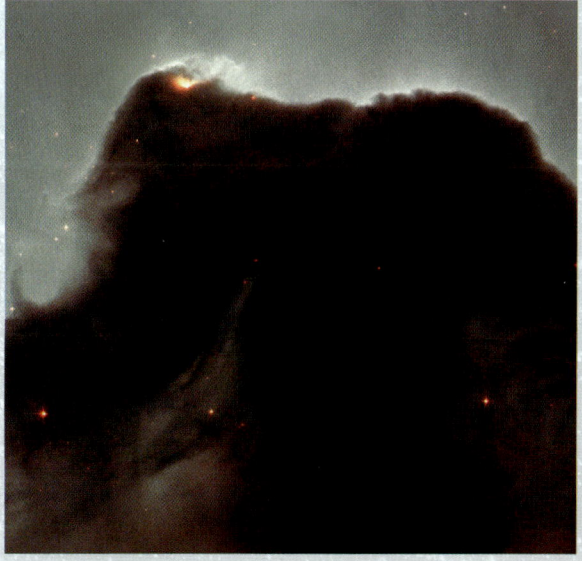

ⒸNASA, NOAO, ESA and The Hubble Heritage Team STScI/AURA

오리온자리의 '말머리 성운'. 대표적인 암흑성운으로 매우 짙은 우주먼지로 되어 있다.

은하·은하단

항성이나 성운 등의 천체가 중력에 의해 서로 끌어당겨 커다란 집단이 된 것이 '은하'이다. 규모가 작으면 1000만 개 정도, 크면 무려 100조 개 이상의 별이 모여 은하를 이룬다. 또한 은하들이 중력에 의해 소규모 또는 거대 집단으로 서로 모여 있는 무리가 바로 '은하단'이다. 은하 중심에는 빛까지 모두 빨아들이는 거대한 블랙홀이 있다고 추측된다.

타원은하

매끄러운 타원 모양의 은하를 말한다. 납작한 원반 모양부터 공 모양까지 두께가 다양하다. 주로 나이가 많은 별들이 모인 경우가 많다.

ⓒNASA, STScI, WikiSky

처녀자리의 '타원은하 M87'. 지름은 약 12만 광년이며, 은하 중에서도 큰 편이다.

나선은하

겉보기에 공 모양의 중심부와 그 주위에 나선 모양의 팔이 감겨진 것처럼 보이는 은하를 말한다. 나선은하는 중심에 막대 모양의 구조를 가진 '막대나선은하'와 중심에 막대 모양이 없는 소용돌이 모양의 '정상나선은하'가 있다.

ⓒNASA Headquarters - Greatest Images of NASA(NASA-HQ GRIN)

머리털자리의 '정상나선은하 NGC4414.' 나선 모양의 팔이 뚜렷하지 않고, 털뭉치 모양이다.

렌즈상은하

렌즈상은하는 은하의 형태 분류 체계에서 타원은하와 나선은하의 중간형 은하이다. 측면의 모습이 볼록렌즈를 닮아서 '렌즈상은하'라는 이름이 붙었다.

ⓒNASA, ESA, and The Hubble Heritage Team(STScI/AURA)

용자리의 '렌즈상은하 NGC5866'. 지구에서는 옆모습이 보인다.

불규칙은하

타원은하 또는 나선은하와 달리 일정한 모양을 갖추지 않은 은하를 말한다. 대부분은 여러 개의 은하가 충돌하여 모양이 흐트러진 것이라고 추측된다.

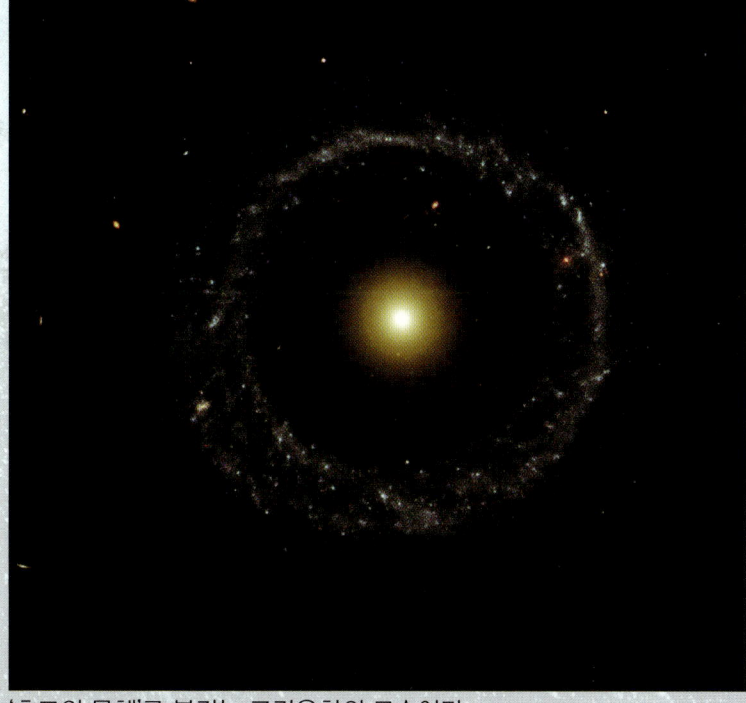

ⓒNASA

'호그의 물체'로 불리는 고리은하의 모습이다.

제1장·우주는 어떤 곳일까?

우리 태양계는 어떤 곳일까?

태양을 중심으로 공전하는 천체의 집합

우리가 살고 있는 지구는 광활한 우주 속에 흩어져 있는 수많은 은하 중에서도 태양계에 속한다. 태양계는 그중의 유일한 항성인 태양을 중심으로 하는, 타원 모양의 테두리 안에 모여 있는 천체들의 모임을 말한다. 태양을 한가운데에 두고 같은 방향으로 도는 8개의 주요 행성과 각 행성의 주위를 도는 위성인 달, 아주 많은 수의 소행성, 혜성, 유성 등의 작은 천체들로 이루어져 있다. 태양계에 속하는 8개의 주요 행성은 어떤 성분으로 이루어져 있는지에 따라 '지구형 행성', '목성형 행성', '천왕성형 행성'으로 나뉜다.

제1장 · 우주는 어떤 곳일까?

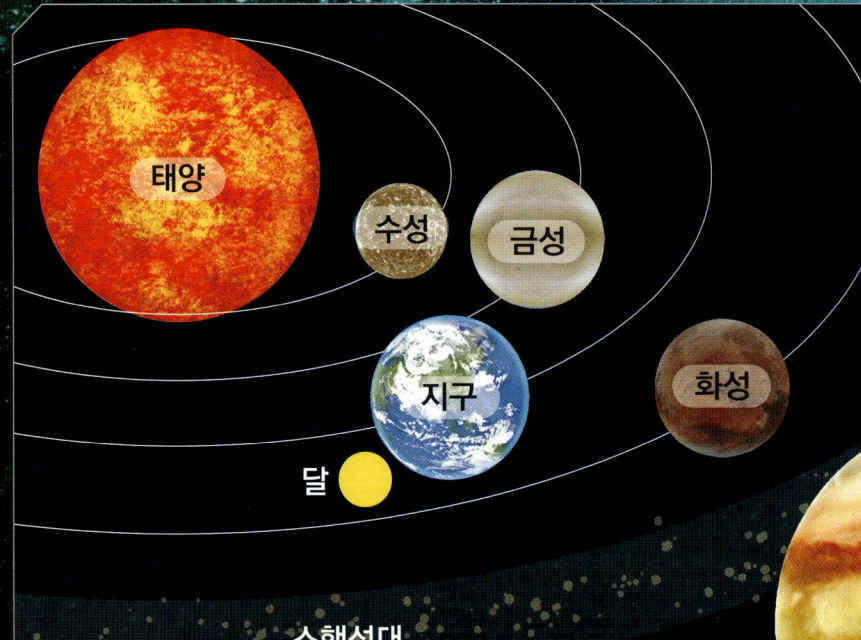

태양계 천체도

태양계의 주요 천체들을 보기 쉽게 나열한 그림이다. 태양을 중심으로 천체가 어떤 순서로 나열되어 있는지 확인할 수 있다. 천체의 크기 차이나 각 천체와 천체의 거리는 실제와 다르다.

3가지 유형의 행성

지구형 행성	목성형 행성	천왕성형 행성
수성·금성·지구·화성	목성·토성	천왕성·해왕성
크기와 질량이 작지만 무거운 성분들로 이루어져 있어서 밀도가 크고 단단한 지각이 있다.	주로 수소나 헬륨 등의 가스로 이루어져 있으며, '거대 가스 행성'이라고도 한다.	메탄, 암모니아 등을 포함하는 물이나 얼음이 핵을 덮고 있다. '거대 얼음 행성'이라고도 한다.
 지구형 행성인 화성의 지표면은 단단한 암석으로 되어 있다.	 ⓒNASA, Caltech/JPL 단단한 지각이 없기 때문에 표면은 고정되어 있지 않다.	ⓒNASA/Jet Propulsion Lab 목성형 행성과 마찬가지로 지각이 단단하지 않다.

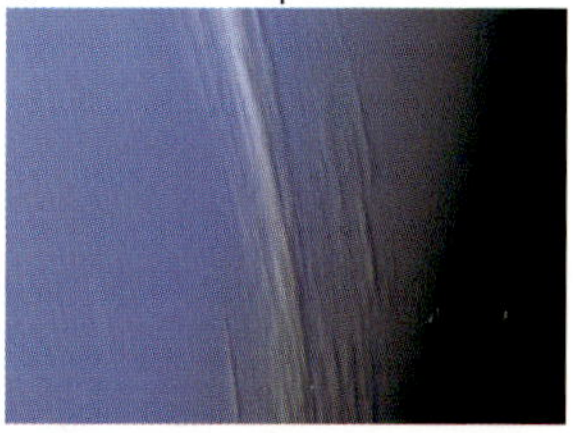

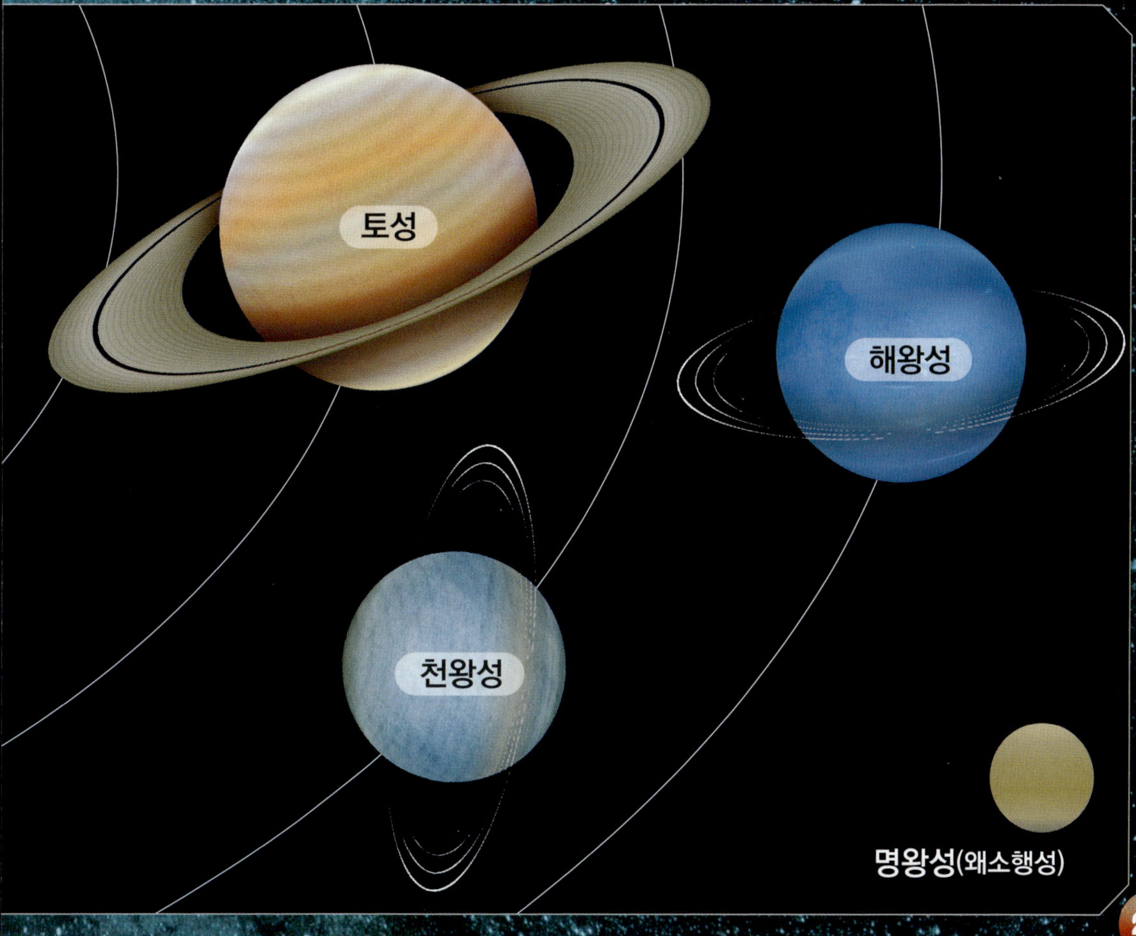

제1장 · 우주는 어떤 곳일까?

토성

해왕성

천왕성

명왕성(왜소행성)

태양과 주변의 행성

태양계 행성은 보통의 행성과는 달리 특별한 조건이 필요하다. 첫 번째는 태양의 주위를 돌아야 한다. 두 번째는 일정한 크기 이상의 천체여야 하며 자신의 중력으로 공 모양을 유지해야 한다. 세 번째는 자신이 돌고 있는 궤도에 다른 행성 등의 천체가 있으면 안 된다. 이 3가지 조건이 모두 들어맞는 천체는 태양계에서 단 8개뿐이다. 태양과 함께 8개 행성의 특징을 알아보자.

태양과 각 행성의 크기 비교도

맨 왼쪽 태양으로부터 세 번째 행성이 지구이다.
다섯 번째 목성과 여섯 번째 토성은 크기가 매우 크다는 사실을 알 수 있다.

태양계 행성 중 태양과 지구 사이에 있는 행성을 '내행성'이라고 부른다. 수성과 금성이 이에 속하며, 지구보다 태양에 가깝다. 또한 태양계에서 궤도가 지구보다 바깥쪽에 있는 행성을 '외행성'이라고 부른다. 화성, 목성, 토성, 천왕성, 해왕성이 이에 속한다. 또한 태양 주위에 있는 8개의 행성은 각각 다른 속도로 주위를 도는데, 태양과 가까운 행성일수록 회전 속도가 더 빠르다. 수성은 태양 주위를 1바퀴 도는 데 88일, 금성은 225일 걸린다. 지구는 365일, 화성은 더욱 길어져 687일이다.

태양

지구와 비교한 지름	지구와 비교한 무게	지구와 비교한 중력	태양까지의 거리	공전주기
109배	33만 배	27.9배	-	-

빛과 열을 내뿜는 태양계의 중심

태양계의 중심에 자리하며, 태양계에서 유일하게 스스로 빛을 내는 항성이다. 지구처럼 단단한 고체가 아닌, 약 75%의 수소와 25%의 헬륨으로 이루어진 거대한 가스 덩어리이다. 태양 안에서는 끊임없이 핵융합 반응이 일어나며 폭발한다. 이때 나오는 엄청난 태양에너지가 태양계에 있는 행성, 위성, 혜성, 유성 등에게 전달되어 각자의 모습을 유지할 수 있게 해 준다. 지구에서 가장 가까운 항성으로, 표면의 모양을 유일하게 관측할 수 있다. 또한 태양은 주요 에너지 공급원으로, 인류가 이용하는 에너지의 대부분은 태양에 의존한다.

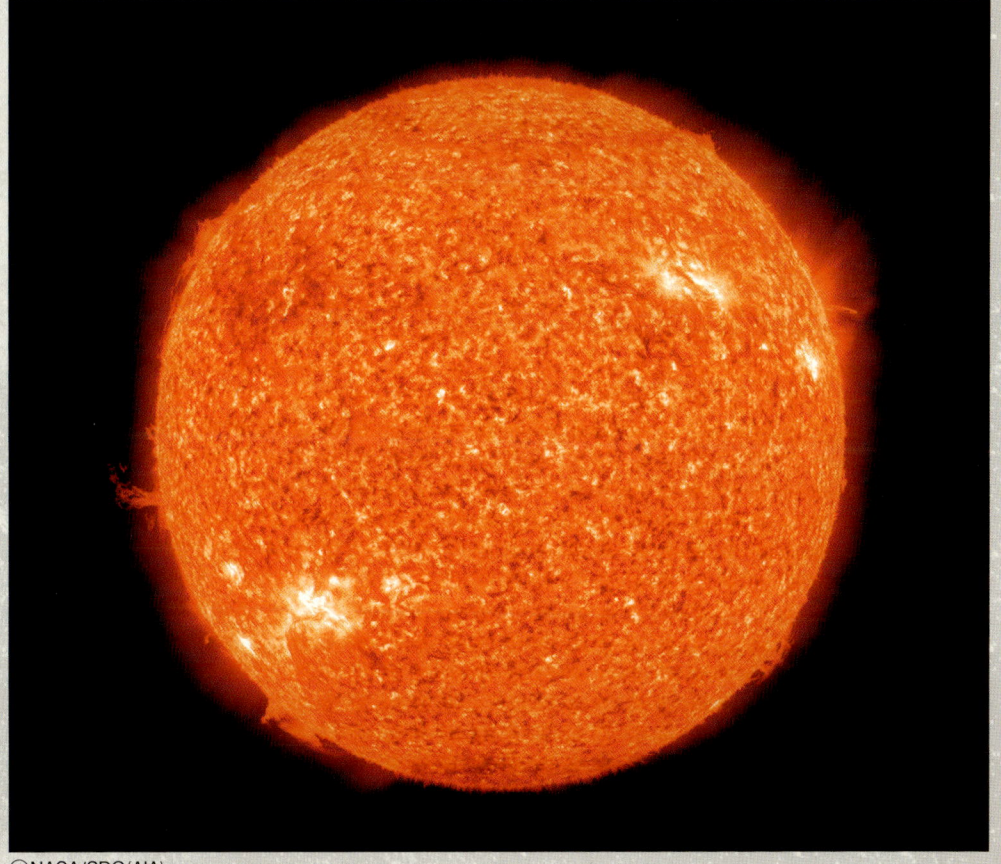
ⓒNASA/SDO(AIA)

제 1 장 · 우주는 어떤 곳일까?

수성

지구와 비교한 지름	지구와 비교한 무게	지구와 비교한 중력	태양까지의 거리	공전주기
0.38배	0.055배	0.38배	5791만km	88일

태양과 가장 가까운 꼬마 행성

태양과 가장 가까운 행성으로, 태양계에 있는 8개의 행성 중 가장 작다. 자전(천체가 스스로 고정된 축을 중심으로 회전) 속도가 매우 느려서 1번 회전하는 데 약 59일이나 걸린다. 수성은 지구보다 태양에 매우 가까워, 태양열을 지구의 7배나 더 받는다. 낮에는 최고 기온이 약 430℃까지 올라가서 매우 뜨겁지만 밤에는 약 -170℃까지 내려가 꽁꽁 얼어붙는다. 일교차가 매우 큰 행성이다.
달의 표면처럼 운석들이 부딪쳐서 생긴 수많은 크레이터가 울퉁불퉁 나 있다.

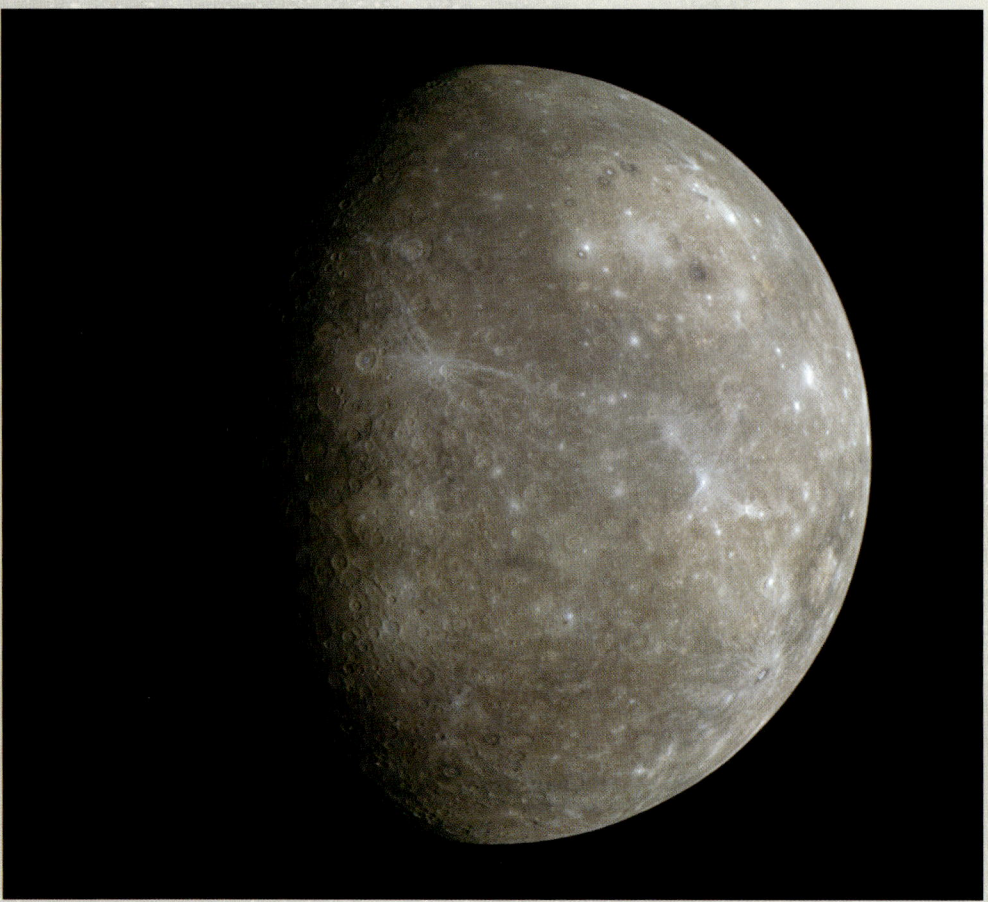

ⓒNASA/Johns Hopkins University Applied Physics Laboratory/Carnegie Institution of Washington.

금성

지구와 비교한 지름	지구와 비교한 무게	지구와 비교한 중력	태양까지의 거리	공전주기
0.95배	0.81배	0.86배	1억 820만km	225일

태양계 최고의 불타는 지옥 행성

밤하늘에서 가장 밝게 보이는 행성으로, 해 뜨기 전 동쪽 하늘이나 해 진 뒤 서쪽 하늘에서 볼 수 있다. 크기나 무게, 중력이 지구와 비슷하여 '지구의 형제별'이라고 불리기도 한다. 물이 없으며 매우 짙은 대기층으로 싸여 있다. 대기 속에는 이산화탄소가 거의 96%를 차지하는데, 태양열이 금성의 대기에 갇혀 밖으로 나가지 못하고 지표면의 온도를 높이는 '온실효과'가 일어난다. 그래서 금성의 평균온도는 무려 470℃가 넘는다.

ⓒNASA/JPL

제 1 장 · 우주는 어떤 곳일까?

지구

지구와 비교한 지름	지구와 비교한 무게	지구와 비교한 중력	태양까지의 거리	공전주기
1배	1배	1배	1억 4960만km	365일

물과 공기가 풍부한 생명력 넘치는 행성

태양계 행성 중 유일하게 물이 풍부한 곳이다. 또한 지금까지 알려진 천체 중에서 유일하게 생명체가 존재하는 곳이다. 두꺼운 이불처럼 지구 주변을 덮고 있는 대기층은 태양에서 바로 오는 강력한 태양에너지를 감소시켜 주는 일을 한다. 약 70%가 바다일 정도로 땅보다 바다가 더 많은 부분을 차지하고 있다. 끝없이 펼쳐진 우주 속 은하계로 보면 지구는 아주 작지만, 약 76억 명이 넘는 사람들이 함께 숨쉬며 살아가는 생명력이 넘치는 곳이다.

ⓒNASA

화성

지구와 비교한 지름	지구와 비교한 무게	지구와 비교한 중력	태양까지의 거리	공전주기
0.53배	0.11배	0.38배	2억 2794만km	687일

지구에 이어 생명체가 존재할 가능성이 있는 행성

지구의 반 정도 크기를 가진 행성으로, 지구 바로 바깥쪽 궤도를 돌고 있다. 표면은 주로 현무암이나 안산암 등의 암석으로 이루어져 있으며, 철과 산소의 화합물인 산화철이 다량으로 포함되어 있다. 이 때문에 화성은 붉은빛을 띤다. 나이는 약 46억 년 정도로 추정되며, 2개의 위성을 가지고 있다. 물이 흘렀을 것으로 추측되는 다양한 지형과 얼음 형태의 물도 발견되었다. 생명의 원천인 물의 존재가 밝혀짐에 따라 미지의 생명체가 존재할 가능성도 제기되었다.

ⓒNASA/USGS

목성

지구와 비교한 지름	지구와 비교한 무게	지구와 비교한 중력	태양까지의 거리	공전주기
11.19배	318배	2.36배	7억 7833만km	12년

가장 거대한 가스 덩어리 행성

태양계에서 가장 거대한 행성으로 63개 이상의 위성을 보유하고 있다. 지구보다 약 11배나 크며, 주로 수소와 헬륨으로 이루어져 있는 거대한 가스 덩어리 행성이다. 만약 크기가 더 컸다면, 핵융합 반응을 일으켜 스스로 빛과 열을 내는 태양 같은 항성이 되었을 수도 있다. 그러나 현재는 빛을 내지 못하고, 표면 온도가 -140℃ 정도의 차가운 행성이다. 목성은 태양계에서 가장 빠른 속도로 자전한다. 자전주기는 약 10시간인데, 이 빠른 자전 속도 때문에 목성 표면에 아름다운 줄무늬가 형성되었다.

ⓒNASA/JPL/University of Arizona

토성

지구와 비교한 지름	지구와 비교한 무게	지구와 비교한 중력	태양까지의 거리	공전주기
9.46배	95배	0.92배	14억 2940만km	30년

아름다운 고리를 가진 거대 행성

태양계에서 목성 다음으로 큰 행성이다. 토성은 여러 개의 둥근 고리를 두르고 있는데, 이 고리는 1610년 갈릴레이에 의해 처음 관측되었다. 가장 큰 위성인 '타이탄'을 포함해 62개 이상의 위성이 발견되었다. 놀라운 사실은 토성은 거대한 행성이지만, 수소가 약 93%를 차지하고 있어 물에서도 뜰 수 있다는 것이다. 지름은 약 12만km이며, 소형 망원경으로도 쉽게 관측할 수 있다. 최대 특징인 고리는 크고 작은 수많은 얼음 덩어리와 암석으로 이루어져 있다.

ⓒNASA/JPL/Space Science Institute

천왕성

지구와 비교한 지름	지구와 비교한 무게	지구와 비교한 중력	태양까지의 거리	공전주기
4.01배	14.5배	0.89배	28억 7099만km	84년

비스듬히 누워 태양 주위를 도는 행성

태양계에서 3번째로 큰 행성으로, 1781년 천문학자 허셜에 의해 발견되었다. 토성처럼 둥근 고리를 가지고 있지만 천왕성의 고리는 아주 얇고 어두워서 잘 보이지 않는다. 대기 중에 포함된 메탄가스가 태양 빛 중 적색을 흡수하기 때문에 청록색으로 보인다. 천왕성의 대표 위성인 '미란다'를 비롯하여 27개의 위성이 발견되었다. 이 위성들은 모두 얼음과 암석 등으로 되어 있다. 천왕성의 자전축은 약 98도로 다른 7개의 행성에 비하면 자전축이 많이 기울어져 누워 있는 것처럼 보인다. 천왕성과 해왕성은 지구에서 거리가 너무 멀어서 망원경이 발명되기 전에는 존재를 알지 못했다.

ⓒNASA/JPL/Voyager mission

해왕성

지구와 비교한 지름	지구와 비교한 무게	지구와 비교한 중력	태양까지의 거리	공전주기
3.88배	17.1배	1.13배	45억 400만km	165년

강력한 얼음 폭풍이 몰아치는 혹독한 행성

태양계에서 가장 바깥쪽에 위치한 행성이다. 1846년에 8개의 행성 중 마지막으로 발견되었으며 평균온도는 -220℃로 매우 낮다. 천왕성과 마찬가지로 얼음과 암석으로 이루어져 있으며, 특히 해왕성의 표면에서는 강력한 얼음 폭풍이 휘몰아친다. 4개의 희미한 고리를 가지고 있는 것도 특징이다. 가늘고 어두워서 잘 보이지 않는 이 고리들은 먼지 성분으로 이루어져 있다. 해왕성의 가장 큰 위성인 '트리톤'을 비롯하여 13개 이상의 위성을 보유하고 있다.

ⓒNASA/JPL

명왕성·왜소행성

명왕성은 1930년에 발견된 이후 태양계의 9번째 행성으로서 대우받았다. 그러나 2006년 행성의 지위를 잃고 왜소행성으로 분류되었다. 명왕성이 행성이라는 분류에서 쫓겨난 이유는 크기가 달의 3분의 2정도로 작고, 궤도가 8개의 행성과는 다르게 긴 타원이라는 점이다. 즉 자신의 궤도에서 지배적인 역할을 하지 못한다는 이유 때문에 국제천문연맹(IAU)으로부터 행성 지위를 박탈당하게 되었다. 이후 명왕성은 '왜소행성 134340'이라는 새 공식 명칭을 부여받았다.

ⓒNASA

명왕성과 위성 카론의 상상도. 명왕성에는 모두 5개의 위성이 발견되었다.

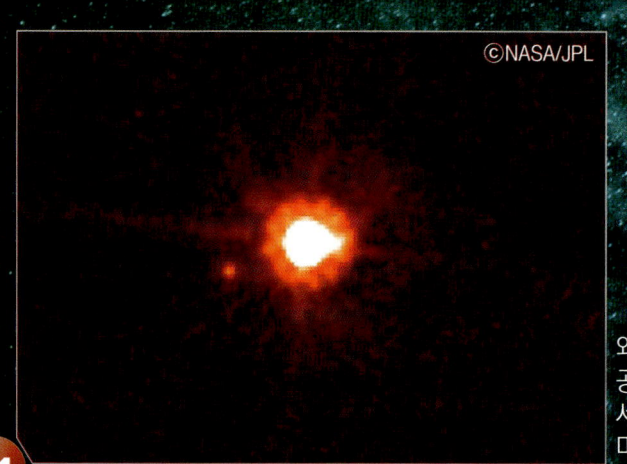

ⓒNASA/JPL

왜소행성 에리스. 국제천문연맹이 공식적으로 인정한 왜소행성으로는 세레스, 명왕성, 에리스, 하우메아, 마케마케 총 5개가 있다.

소행성

소행성은 행성보다 작고, 태양 주위를 공전하는 천체를 말한다. 소행성은 크고 작은 암석, 금속 등으로 이루어져 있다. 태양계에는 무수히 많은 소행성들이 떠다니고 있다. 화성 궤도와 목성 궤도 사이에 소행성이 특히 많이 모여 있는 띠 모양의 지역을 '소행성대'라고 부른다. 현재까지 발견된 소행성만 해도 50만 개 이상이다. 세레스는 왜소행성이지만 소행성으로도 분류된다.

ⓒNASA/JPL-Caltech/UCLA/MPS/DLR/IDA

세레스는 화성과 목성 사이에 있는 소행성대에서 가장 큰 천체이다.

ⓒNASA

소행성의 모양은 일정하지 않으며, 대개 감자처럼 일그러져 있다.

제 1 장 · 우주는 어떤 곳일까?

혜성

태양의 주위를 길쭉한 타원 모양이나 포물선을 그리며 도는 천체를 말한다. 다른 행성과 달리 자주 볼 수 없는데, 몇십 년에서 몇백 년 사이에 1번씩 나타나기도 한다.
태양계에 떠다니는 암석과 얼음 조각, 다양한 화합 물질 등이 뒤엉켜서 눈덩이 모양으로 궤도를 돌다가, 태양에 가까워지면 증발되면서 긴 꼬리 모양을 만들게 된다.
덴마크 천문학자 티코 브라헤는 1577년 혜성을 관측하여 혜성이 달보다 멀리 있는 천체라는 사실을 밝혀냈다.

제1장 · 우주는 어떤 곳일까?

핼리 혜성은 약 76년을 주기로 태양의 주위를 돈다. 핼리 혜성보다 100배 정도 밝은 헤일밥 혜성.

혜성의 궤도

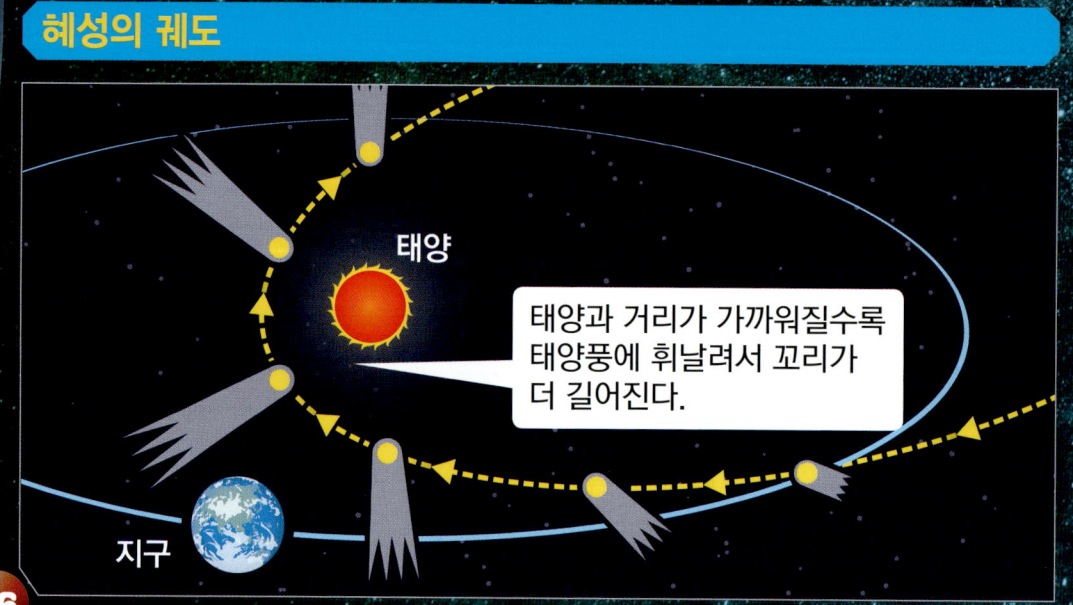

태양과 거리가 가까워질수록 태양풍에 휘날려서 꼬리가 더 길어진다.

유성·운석

유성은 혜성에서 떨어져 나온 부스러기 등이 지구가 끌어당기는 힘에 의해 대기권으로 들어오면서, 대기와의 마찰로 불타 빛을 내는 것을 말한다. '별똥별'이라고도 불린다. 혜성이 지구 공전 궤도 근처를 지나면서 수많은 물질을 흘리기 때문에 생기게 된다. 또한 우주를 떠돌던 작은 물체가 빛을 내며 떨어질 때 다 타 버리지 않고 지상에 떨어진 것을 '운석'이라고 한다. 운석은 바다로 떨어지기도 하고 땅으로 떨어지기도 한다.

ⓒNASA Ames Research Center/S. Molau and P. Jenniskens

한번에 많은 유성이 비처럼 떨어지는 현상이 나타나기도 하는데, 이것을 '유성우'라고 한다.

거대한 운석이 갖고 있는 에너지는 엄청나게 강해서, 떨어지면 생명의 위협 등 큰 피해를 입힐 수도 있다.

우주의 비밀에 관한 궁금증 Q&A

알면 알수록 궁금한 우주에 관한 질문과 대답을 정리하였다.
알쏭달쏭 우주의 비밀 속으로 들어가 보자!

제1장 · 우주는 어떤 곳일까?

Q1. 우주에서 가장 추운 곳은 어디인가요?
A1. 지구에서 5000광년 떨어진 곳에 있는 부메랑 성운이다.
마치 유령이 떠 있는 듯한 이 성운은 으스스한 모습만큼이나 온도가 -272℃에 이를 만큼 우주에서 가장 추운 곳으로 알려져 있다.

Q2. 세계 최대의 망원경은 무엇인가요?
A2. 미국 팔로마산천문대의 헤일망원경이다.
미국 캘리포니아주 팔로마산천문대에 설치된 세계 최대 헤일망원경은 1948년에 완성되었다. 헤일망원경은 지름 5m, 무게 1000톤인 거대 반사망원경이다. 1974년 소련(지금의 러시아)의 지름 6m인 광학망원경이 완성될 때까지 세계 최대를 자랑하였다.

Q3. 태양은 어마어마하게 밝은 빛을 어떻게 낼까요?
A3. 다른 천체에 비해 온도가 매우 높기 때문이다.
약 46억 년 전에 생겨난 태양은 지금까지 엄청나게 밝은 빛과 에너지를 내뿜고 있다. 태양이 오랫동안 빛을 낼 수 있는 건 다른 천체에 비해 온도가 높기 때문이다.

Q4. 혜성의 꼬리는 태양의 어느 방향으로 생기나요?
A4. 혜성의 꼬리는 항상 태양의 반대쪽을 향한다.
혜성이 태양으로부터 멀리 떨어져 있을 때는 꼬리도 없지만, 태양에 가까워지면 꼬리가 생기면서 점점 길어진다. 이 꼬리는 아주 가벼워서 태양으로부터 불어닥치는 태양풍의 영향을 받아 태양과 반대쪽으로 휘날린다.

Q5. 별의 색깔과 온도가 모두 다른가요?
A5. 밤하늘에 보이는 별들은 온도뿐만 아니라 색깔도 다양하다.
별의 색깔은 표면 온도에 따라 달라지는데 표면 온도가 높을수록 파란색을 띠고, 표면 온도가 낮을수록 붉은색을 띤다. 오리온자리의 베텔게우스는 붉은색으로 보이고, 리겔은 청백색으로 보인다.

제2장
우주의 신비

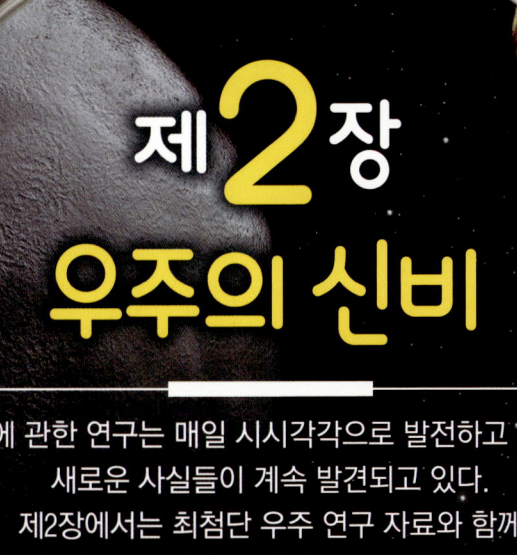

우주에 관한 연구는 매일 시시각각으로 발전하고 있으며, 새로운 사실들이 계속 발견되고 있다. 제2장에서는 최첨단 우주 연구 자료와 함께 우주에 관한 흥미롭고 다양한 호기심을 풀어 보자.

제2장 | **우주의 신비**

알면 알수록 궁금한 미스터리 우주 속으로!

대우주 편

우주는 언제부터 존재했으며, 앞으로 어떻게 변할까?
UFO와 외계인은 정말 우주 어딘가에 존재하고 있을까?
우주에 관한 기본적인 정보부터 초자연적인 정보까지!
다양하고, 신비한 우주 호기심을 풀어 보자.

우주의 신비 No. 001

우주는 어떻게 탄생했을까?

매우 뜨거운 불덩이의 대폭발!

우주가 탄생하기 전에는 밀도가 높아서 매우 뜨거운 온도의 불덩이가 존재했다. 작지만 엄청난 에너지를 지닌 이 불덩이는 약 138억 년 전에 거대한 폭발을 일으켰고, 이것이 바로 우주 탄생의 시작인 우주 대폭발, '빅뱅'이다. 그 후에 우주 공간은 계속 팽창했고, 세월이 흐르며 우주에 흩어졌던 먼지와 가스 등이 뭉쳐져 별이 되었다. 별들은 다시 모여 거대한 은하가 되었고, 지금의 광활한 우주가 만들어졌다. 오랜 옛날부터 사람들은 우주가 처음부터 존재했다고 믿었다. 하지만 1965년에 대폭발의 증거로 보이는 '우주배경복사'라는 전파가 관측되면서 빅뱅설이 유력해졌다. 이 우주배경복사는 미국 천체물리학자인 펜지어스와 윌슨 두 사람에 의해 발견되었다고 한다.

제2장 · 우주의 신비 - 대우주 편

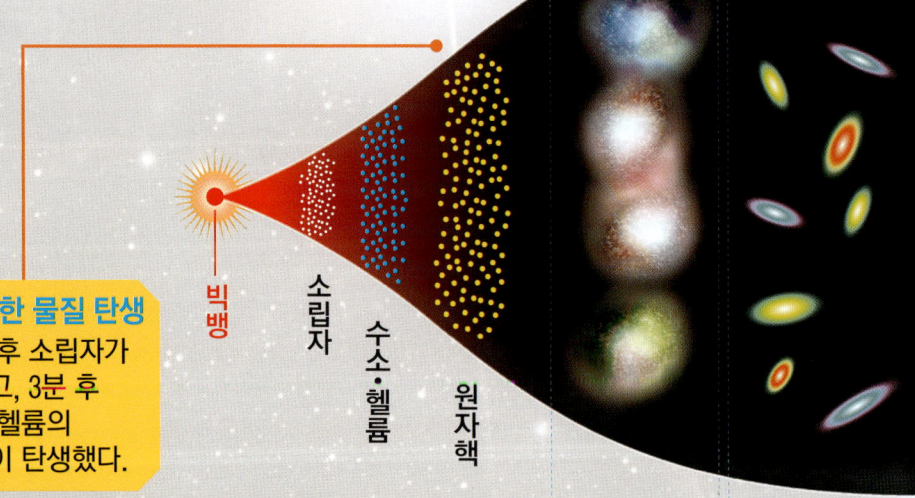

다양한 물질 탄생
빅뱅 직후 소립자가 생겨났고, 3분 후 수소와 헬륨의 원자핵이 탄생했다.

지금 알게 된 사실!

'우주는 빅뱅이라는'
대폭발 때문에 생겨났다!

우주의 신비 No. 002

빅뱅을 일으킨 불덩이는 어떻게 생겨났을까?

작은 불덩이의 정체!

빅뱅 때문에 우주가 생겨났다는 설은 유력하다. 그렇다면 그 작은 불덩이는 어떻게 생겨났을까? 빅뱅이 발생하기 전 '아무것도 없는 상태'에서 우주 씨앗이 탄생했다고 하는 '인플레이션 이론'을 보면 알 수 있다. 이 이론에 따르면 우주 씨앗은 진공 에너지를 가지고 있었는데, 급속히 팽창하는 이 에너지 때문에 우주 씨앗이 순식간에 부풀어 올랐다. 그 결과 우주가 급속도로 차가워지면서 진공 에너지가 '상전이(물질의 상태가 온도, 압력 등에 따라 다른 형태로 바뀌는 현상)'라는 현상을 일으켰다. 이때 갇혀 있다가 풀려나온 대량의 열에너지가 첫 불덩이를 만들었다고 한다.

순식간에 일어난 우주 탄생에서 빅뱅까지
우주 탄생에서 인플레이션, 빅뱅까지는 거의 순식간에 일어났다고 추측된다.

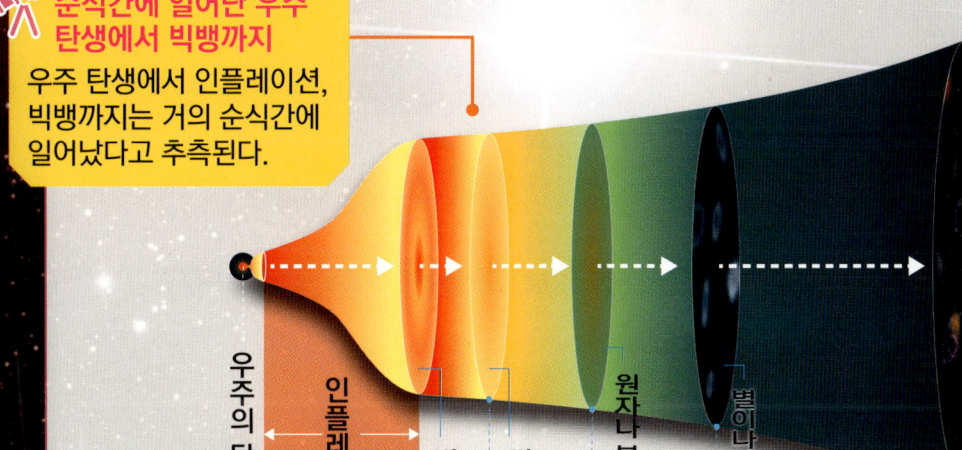

우주의 탄생 — 인플레이션 — 빅뱅 — 질량 발생 — 원자나 분자 탄생 — 별이나 은하 탄생 — 현재

빅뱅으로부터 100억 분의 1초 후   38만 년 후   9억 년 후

지금 알게 된 사실!

상전이 현상으로 풀려나온 에너지가
'첫 불덩이를 만들었다!'

제 2 장 · 우주의 신비 - 대우주 편

43

우주의 신비 No. 003
우주는 지금도 팽창하고 있을까?

제2장 • 우주의 신비 - 대우주 편

우주의 팽창을 발견한 허블!

1929년, 허블은 우주에 있는 은하들은 모두 우리 은하로부터 멀어지고 있으며, 그 속도는 거리에 비례한다는 사실을 알아냈다. 즉, 우리 은하에서 멀리 떨어진 외부 은하일수록 더 빨리 멀어진다는 것이다. 이 사실은 우주가 팽창하고 있음을 보여 주는 증거라고 생각했다. 그리고 '우주가 팽창하고 있다면 과거의 우주는 훨씬 작아서 처음에는 점에 지나지 않았을까?' 하는 추측을 하였다. 이것이 대폭발설의 기초이다. 대폭발설은 '빅뱅 이론'이라고도 한다. 빅뱅 이론은 현재까지 우주의 생성을 설명할 수 있는 가장 타당한 이론으로 인정받고 있다.

풍선처럼 부풀어 오르는 우주
우주의 팽창은 별 모양을 찍은 풍선과 닮았다. 풍선이 우주이고 별 모양이 은하이다. 풍선이 부풀어 올라 별 사이의 거리가 멀어지는 건 우주가 팽창하여 공간이 늘어났기 때문이다. 또한 팽창하는 우주에는 특별한 중심이 없다.

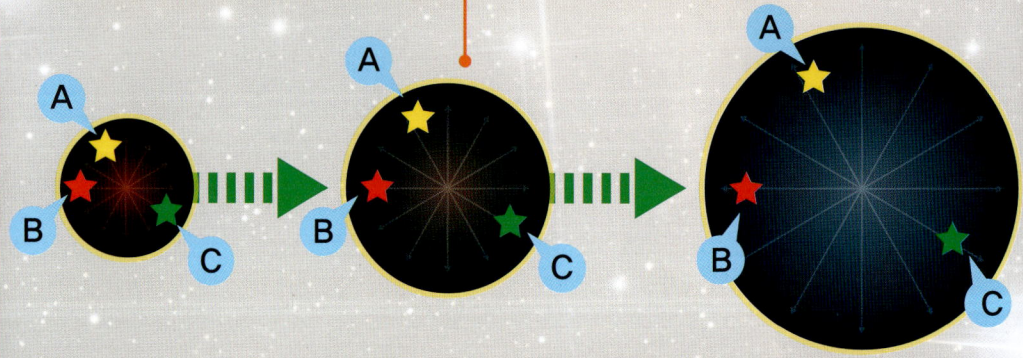

지금 알게 된 사실!
우주는 탄생한 직후부터 지금까지 계속 **'팽창하고 있다!'**

우주의 신비 No. 004
과연 우주는 미래에 어떻게 될까?

과학자들이 밝히는 3가지 가능성!

'앞으로 우주는 어떻게 될까?'라는 질문에 대해서 과학자들은 3가지 가능성을 이야기한다. 첫 번째는 '열린 우주'로 지금도 계속 팽창하고 있는 우주가 앞으로도 영원히 팽창한다는 것이다. 두 번째는 '평탄 우주'로 팽창을 계속하던 우주가 팽창률이 점점 떨어져 언젠가 제로가 되면 더 이상 팽창도 수축도 하지 않고, 정지 상태에 가까워진다는 것이다. 이때 속도가 매우 느려질 뿐, 팽창이 완전히 멈추는 것은 아니라고 한다. 세 번째는 '닫힌 우주'로 계속 팽창하던 우주가 언젠가 팽창을 멈추고 반대로 수축한다는 것이다. 과학자들이 미래를 예측하려고 노력을 하고 있지만, 아직 명확하게 밝혀진 것은 없다.

닫힌 우주
팽창하던 우주가 팽창을 멈추고 다시 수축되어 가다 보면, 결국 우주의 모든 물질은 한 점으로 압축되고, 원시 우주 상태로 돌아간다.

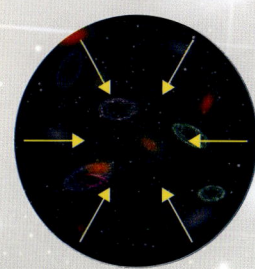

열린 우주
우주가 계속 팽창한다면, 우주의 평균온도가 지금보다 더 낮아져서 빛을 내지 않는 물질들만 모인 캄캄한 암흑 공간이 된다.

평탄 우주
우주는 정지 상태에 가깝게 매우 천천히 팽창하는 상태를 유지한다.

지금 알게 된 사실!
미래의 우주는
'열린 우주, 닫힌 우주, 평탄 우주'
3가지 가능성이 있다!

제 2 장 · 우주의 신비 - 대우주 편

우주의 신비 No. 005
항성과 행성은 어떻게 다를까?

태양계 행성의 3가지 조건!

항성은 태양처럼 스스로 빛을 내는 가스체를 말한다. 밤하늘에 빛나는 무수히 많은 별들은 대부분 항성이다. 한편 행성은 항성 주위를 돌며 스스로 빛을 내지 못하는 천체의 한 부류이다. 그중 태양계 행성이 되려면 조건이 있는데, 첫 번째는 태양의 주위를 공전해야 한다. 두 번째는 질량이 충분하여 공 모양을 유지해야 한다. 세 번째는 공전하는 궤도 주변에 달 등의 위성을 제외한 다른 천체가 없어야 한다. 이 3가지를 모두 충족해야 태양계 행성이 될 수 있다. 또한 행성은 스스로 빛을 내지 못하기 때문에 지구에서는 몇 개의 행성만 관찰이 가능하다.

시리우스 Vs 화성
지구에서 보이는 가장 밝은 항성은 시리우스다. 화성은 육안으로 잘 보이는 행성 중 하나이다.

화성

시리우스

ⓒNASA, ESA/G. Bacon(STScI)   ⓒNASA/USGS

지금 알게 된 사실!
항성은 태양처럼 스스로 빛을 내고,
'행성은 스스로 빛을 내지 못한다!'

우주의 신비 No. 006
별은 영원히 살 수 있을까?

연구 성과 90%

가장 중요한 핵융합 연료!

스스로 빛을 내는 별인 항성은 우주 공간에 떠도는 수소, 헬륨, 탄소, 규소 등을 포함한 먼지 알갱이가 모여 만들어진다. 가스와 먼지가 모인 원시별에 주변의 다양한 물질이 달라붙는데, 이때 운동에너지가 뜨거운 열로 변하면서 온도가 높아진다. 얼마 후 수소 가스가 강한 폭발과 함께 핵융합 반응을 일으키고, 원시별은 마침내 항성이 된다. 오랜 세월이 지나 연료가 되는 수소나 헬륨이 다 없어지면 항성으로서의 활동을 멈춘다. 생명을 다한 별의 잔해는 다시 가스나 먼지가 되어 우주를 떠돌다가 새로운 별의 재료가 된다.

제 2 장 · 우주의 신비 - 대우주 편

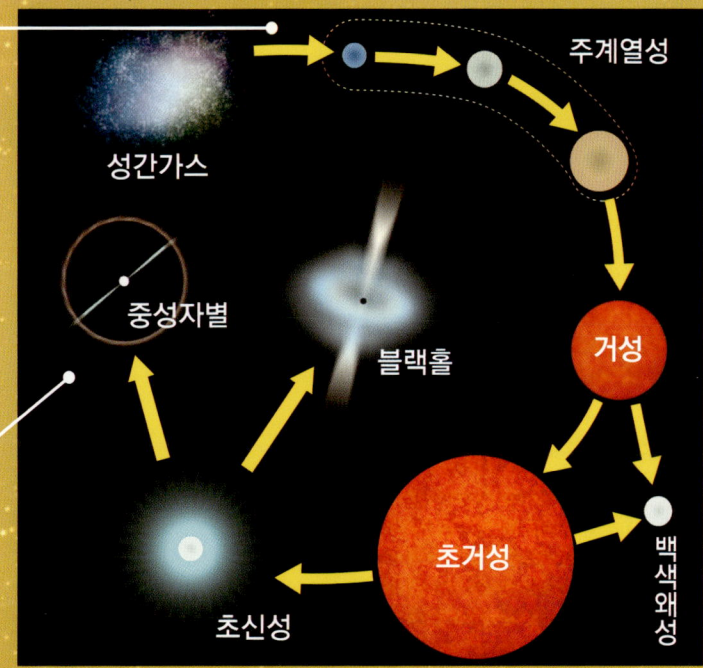

에너지를 안정적으로 발산하는 별
수소 핵융합 반응으로 에너지를 안정적으로 발산하는 별을 '주계열성'이라고 한다. 별의 일생에서 가장 긴 기간을 차지한다.

다양한 최후
주계열성 시기가 끝나면 별은 다시 변하기 시작하고, 질량에 따라 다양한 최후를 맞이한다.

지금 알게 된 사실!
연료가 되는 수소와 헬륨이 다 없어지면
'별도 최후를 맞이한다!'

우주의 신비 No. 007
별들의 수명은 모두 같을까?

연구 성과 70%

제2장 · 우주의 신비 - 대우주 편

질량에 따라 달라지는 수명!

별의 수명은 그 질량에 따라 달라진다. 크면 클수록 연료의 소비가 빠르기 때문이다. 질량이 큰 별은 초신성 폭발로 생을 일찍 마감하지만, 태양처럼 질량이 작은 별들은 비교적 오래 그리고 조용히 생을 마감한다. 대부분의 별은 주계열을 따라 성장하며 적색거성 단계를 지나면 행성상성운이나 초신성으로 폭발하면서 생을 마감한다. 이때 별의 중심부를 이루던 물질들은 별의 질량에 따라 백색왜성·중성자별·블랙홀 등으로 변한다. 별의 폭발로 방출된 물질들은 다시 우주 공간으로 되돌아가 성운을 구성하는 물질이 된다.

● 질량으로 결정되는 최후
질량이 너무 작은 별은 갈색왜성이 된다. 태양 정도의 별은 행성상성운을 거쳐 백색왜성이 된다.

● 별의 최후는 각양각색
질량이 큰 별은 초신성 폭발을 일으킨다. 폭발한 후의 모습도 질량에 따라 다르다.

지금 알게 된 사실!
별의 수명은 질량이 클수록 **'짧아진다!'**

우주의 신비 NO. 008

블랙홀의 정체는 무엇일까?

무시무시한 미스터리 검은 구멍!

블랙홀은 엄청나게 강한 중력으로 어떤 물체든 흡수해 버리는 천체이다. 심지어 그 빠른 빛조차도 블랙홀을 피해 갈 수 없다고 한다. 블랙홀은 1789년 영국의 지리학자 존 미첼에 의해 가능성이 처음 제기되었다. 하지만 오랫동안 이론상으로만 존재해 오다 아인슈타인의 일반상대성이론으로 주목을 받기 시작했다. 그 후 여러 학자의 노력으로 이러한 시공간이 존재한다는 사실이 증명되었고, 1969년 미국의 물리학자 휠러가 이 신비한 천체에 '블랙홀'이란 이름을 붙였다. 그동안 실제 모습이 촬영된 적이 없던 블랙홀은 마침내 2019년 4월, 전 세계 6개 대륙에서 8대의 전파망원경을 통해 모습을 드러내게 되었다.

제2장 · 우주의 신비 - 대우주 편

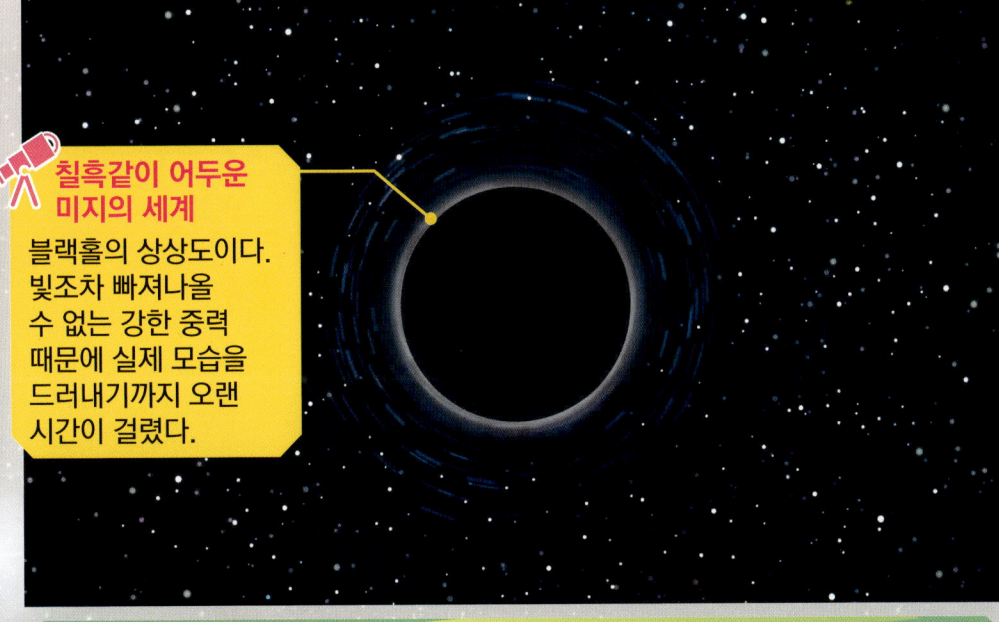

칠흑같이 어두운 미지의 세계
블랙홀의 상상도이다. 빛조차 빠져나올 수 없는 강한 중력 때문에 실제 모습을 드러내기까지 오랜 시간이 걸렸다.

지금 알게 된 사실!
블랙홀은 무엇이든 빨아들이는
'초강력 검은 구멍이다!'

우주의 신비 No. 009
중성자별이란 어떤 별일까?

연구 성과 70%

제2장 · 우주의 신비 - 대우주 편

별이 타고 남은 찌꺼기!

중성자별이란 주로 '중성자'라는 입자로 이루어진 별을 말한다. 중성자별은 중성자가 별 중심에서부터 밖으로 끝없이 쌓여 있으며 밀도가 매우 높은 것이 특징이다. 중성자별의 반지름이 수십 km이고, 태양의 반지름이 약 70만 km로 중성자별의 크기가 태양에 비해 매우 작지만 오히려 중성자별의 질량이 태양의 2~3배 이상이라고 한다. 다시 말해 물질을 엄청나게 압축해 놓은 게 '중성자별'인 것이다. 중성자별은 별이 초신성 폭발을 일으킨 후에 남은 '별의 중심핵'으로, 이른바 '별이 타고 남은 찌꺼기'이다. 초신성 폭발이란 별이 자신의 중력을 버티지 못하고 일으키는 현상인데, 질량이 태양의 30배를 넘는 경우에는 폭발을 해도 스스로를 가누지 못한다. 이 때문에 중력 붕괴가 더 진행되면 블랙홀이 되는 것이다.

중성자별

밀도가 매우 높은 별
중성자별은 크기는 작지만 밀도는 상당히 높다.

ⓒNASA/CXC/PSU/G.Pavlov et al.

지금 알게 된 사실!
'중성자'라는 입자로 이루어진
'작지만 밀도가 높은 별이다!'

우주의 신비 No. 010

암흑물질의 진짜 정체는 무엇일까?

정체가 명확하지 않은 암흑물질!

유럽우주기구(ESA)에 따르면 인공위성의 관측 결과, 우리가 알고 있는 물질이 우주에서 차지하는 비율은 약 5%에 불과하다고 한다. 나머지 정체 모를 물질 가운데 약 27%를 차지하는 것이 '다크매터'라고도 불리는 '암흑물질'이다. 이것이 무엇인지 아직까지 명확히 밝혀진 것은 없다. 다만 전파·적외선·가시광선·자외선·X선·감마선 등과 같은 전자기파로도 관측되지 않고, 오로지 중력을 통해서만 존재를 추정할 수 있는 물질로 알려져 있다. 암흑물질의 후보로 여러 가지가 거론되고 있지만 확실하게 밝혀진 것은 아니다. 그중 대표적인 암흑물질의 후보로는 윔프와 액시온 등이 있다.

암흑물질

암흑물질 분포 상상도
은하단 촬영 영상에 암흑물질의 분포를 겹친 것이다. 희뿌연 부분이 암흑물질이다.

ⓒNASA,ESA,M.J.Jee and H.Ford(Johns Hopkins University)

지금 알게 된 사실!

'중력을 통해서만'
존재를 추정할 수 있는 물질이다!

제 2 장 · 우주의 신비 - 대우주 편

우주의 신비 No. 011
연구 성과 10%

암흑에너지의 진짜 정체는 무엇일까?

신비스러운 힘의 정체!

모든 물질에는 질량이 있고 서로 중력으로 끌어당기기 때문에, 옛날에는 우주의 팽창 속도가 점차 느려질 것이라고 생각했다. 그러나 1998년에 우주의 팽창 속도가 점점 빨라지고 있다는 사실이 밝혀졌다. 우주의 팽창 속도가 빨라지고 있다는 것은 결국 반중력(한 물체가 중력과 같은 형태의 힘으로 다른 물체를 미는 힘)으로 작용하여 우주를 더 멀리 밀어내고 있다는 것을 뜻한다. 이 신비스러운 힘의 정체에 대해서는 아직 정확히 알려지지 않아 '암흑에너지'라고 불린다. 천문학자들은 은하들이 멀어지고 있는 속도를 측정해 현재 우주에 존재하는 암흑에너지의 양을 추정해 냈다. 그 양은 우주의 약 68%라고 한다.

제2장 • 우주의 신비 - 대우주 편

수소 등의 물질 5%

암흑물질 27%

암흑에너지 68%

우주의 반 이상을 차지하는 에너지
암흑에너지는 우주에 존재하는 물질 가운데 약 68%를 차지한다고 추측된다.

지금 알게 된 사실!
우주를 가속·팽창시키는
'신비스러운 힘이다!'

우주의 신비 No. 012

연구 성과 90%

중성미자는 정말 존재할까?

우주를 구성하는 기본적인 입자!

'중성미자'란 우주를 구성하는 가장 기본적인 입자이다. 전하를 가지고 있지 않고, 질량이 매우 작기 때문에 다른 물질에도 영향을 거의 주지 않는다. 지금도 우리 몸 가로와 세로 1cm의 공간마다 매초 수백억 개씩 빛의 속도로 통과하고 있다. 워낙 잘 빠져나가기 때문에 관측하기가 매우 어렵다. 따라서 세상에 존재한다는 가능성이 제기된 이후로, 그 실체를 알아내기까지 무려 30년이나 걸렸다. 또한 질량이 전혀 없는 0일 가능성도 예측되었지만, 일본의 연구 시설인 카미오칸데에서 관측한 결과 약간의 질량을 가졌다는 것이 밝혀졌다.

슈퍼 카미오칸데

카미오카 광산에 있는 중성미자 검출 실험 연구소
1998년 중성미자 진동에 관한 최초의 실험적 증거를 제시하여 중성미자에 미세하지만 질량이 있다는 사실을 밝혀냈다.

ⓒ사진 제공:도쿄대학 우주선 연구소

제2장 · 우주의 신비 - 대우주 편

지금 알게 된 사실!

일본의 실험 연구소에서 중성미자의
'존재가 증명되었다!'

우주의 신비 No. 013

연구 성과 60%

퀘이사는 과연 얼마나 밝을까?

멀리 떨어진 곳에서도 밝게 빛나는 천체!

퀘이사는 지구에서 수십억 광년도 더 떨어진 곳에서 어둡지 않고 항성처럼 빛나며, 쉽게 관측되는 놀라운 천체이다. 퀘이사의 크기는 태양계와 비슷하지만 뿜어내는 에너지의 양은 은하계보다 100~10000배 더 많고, 태양보다 무려 100조 배나 더 밝기 때문이다. 현재까지 퀘이사는 2만 개 이상 발견되었으며 그중 가장 가까운 퀘이사가 수억 광년이나 떨어져 있다. 대부분의 퀘이사는 수십억~130억 광년이나 떨어져 있다. 우주 탄생 초기에 생겨난 은하의 '중심핵'이라고 추측하는 과학자도 있다. '준항성상 천체'라고도 불린다.

제2장 · 우주의 신비 - 대우주 편

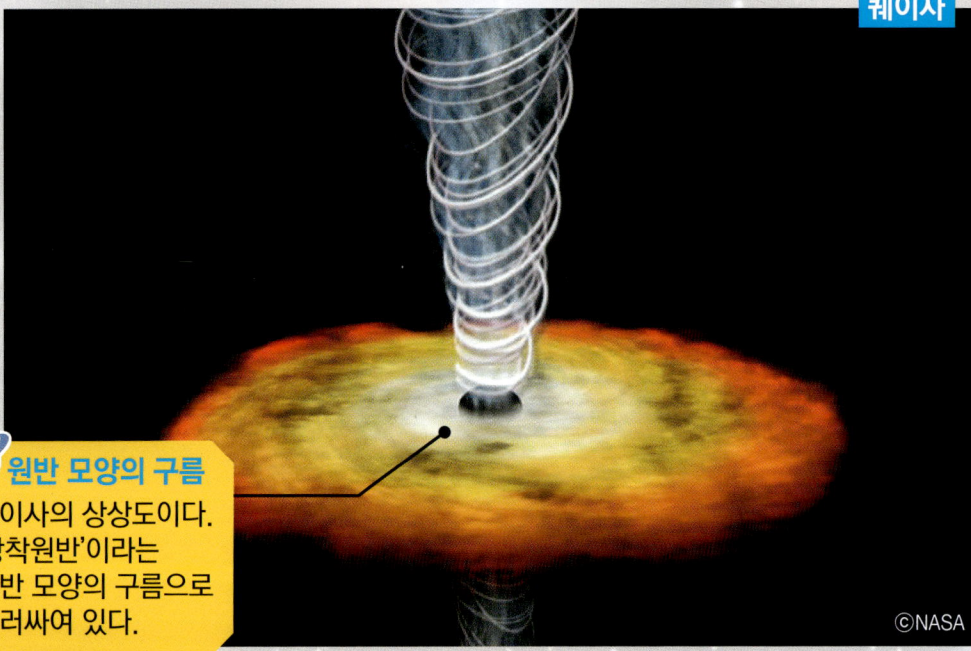

퀘이사

원반 모양의 구름
퀘이사의 상상도이다. '강착원반'이라는 원반 모양의 구름으로 둘러싸여 있다.

ⓒNASA

지금 알게 된 사실!

퀘이사는 태양보다
'100조 배나 더 밝다!'

우주의 신비 No. 014

가장 거대한 별은 무엇일까?

태양의 1600배나 되는 거대한 별!

우리 가까이에 있는 큰 별을 이야기할 때 사람들은 보통 태양을 떠올린다. 하지만 우주에는 태양도 꼬마 별로 만들 정도로 거대한 별들이 많이 존재한다. 현재 크기가 확실하게 밝혀진 별 가운데 가장 큰 별은, 지구에서 약 5250광년 떨어진 '백조자리 V1489별'이라고 불리는 항성이다. 태양보다 무려 1600배 이상 큰 거대한 항성이다. 태양과 같은 위치에 놓으면, 항성의 표면이 태양에서 6번째 떨어져 있는 토성의 궤도 근처까지 닿을 정도로 크다고 한다. 초성단 웨스터룬드의 'w26'이라는 항성은 V1489별보다 더 크다고 추측되는데, 크기는 아직 명확하게 밝혀지지 않았다.

제 ❷ 장 • 우주의 신비 – 대우주 편

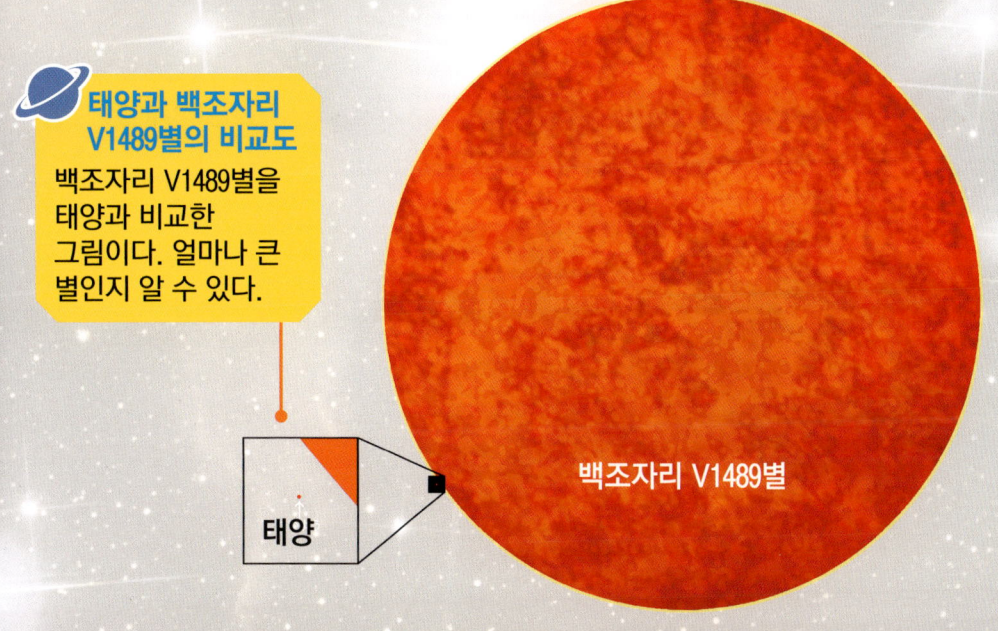

🪐 **태양과 백조자리 V1489별의 비교도**
백조자리 V1489별을 태양과 비교한 그림이다. 얼마나 큰 별인지 알 수 있다.

태양 / 백조자리 V1489별

지금 알게 된 사실!

가장 거대한 별은
'백조자리 V1489별이다!'

다이아몬드로 이루어진 행성이 있을까?

지구를 3개 합친 만큼의 다이아몬드!

과학자들의 연구 자료에 의하면 행성은 항성보다 형태가 더 많고 다양해서 복잡하다고 한다. 그중의 하나가 '게자리 55e'라 불리는 행성이다. 이 행성은 지구에서 40광년 떨어진 '게자리 55번 별'의 주변을 돌고 있는데, 지름이 지구보다 2배 크고 질량은 8배나 된다. 미국 연구팀에 따르면 이 행성을 구성하는 물질 중 질량의 3분의 1이 다이아몬드일 가능성이 있다고 한다. 이것은 지구를 약 3개 합친 만큼에 해당하는 어마어마한 양이다. 또 지구에서 50광년 떨어진 켄타우루스자리에 있는 '루시'라는 별에도 다이아몬드가 존재한다고 한다.

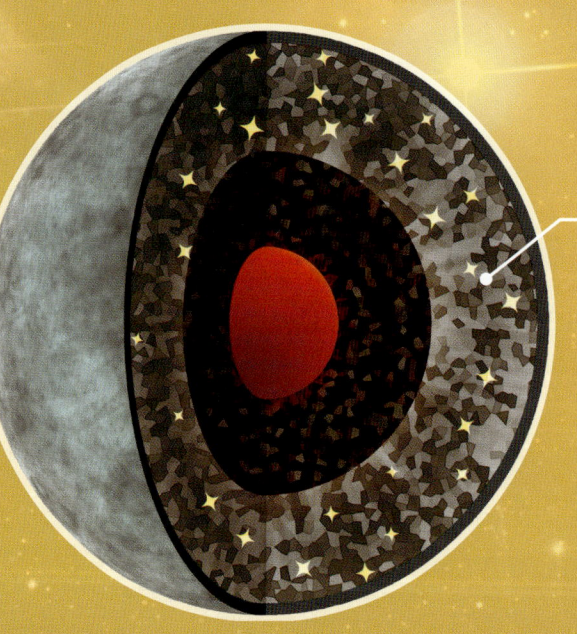

흑연층 아래에 다이아몬드층
게자리 55e에는 표면을 덮는 흑연층 밑에 다이아몬드층이 있다고 추측된다.

지금 알게 된 사실!
행성 게자리 55e는 질량의 3분의 1이
'다이아몬드이다!'

우주의 신비 No. 016

지구와 꼭 닮은 행성이 있을까?

지구처럼 생명체가 살 조건을 갖춘 행성!

'서식 가능 지역'은 지구처럼 생명이 살아가는 데 필요한 유기물이나 에너지, 액체 상태의 물을 구할 수 있는 생명체 서식 가능 지역을 말한다. 지구를 예로 들어 항성의 상태나 항성과 떨어진 거리 등으로 계산했을 때, 같은 영역 안에 있는 행성이라면 생물이 있을 가능성이 높다는 것이다. 이러한 행성은 실제로 몇 개가 발견되었다. 특히 2013년에 발견된 '케플러-62f'는 서식 가능 지역에 위치할 뿐 아니라, 지름이 지구의 1.4배 정도로 비슷하다. 또한 계절 변화와 안정된 기후 환경을 가지고 있을 가능성이 있어 생명체가 살 조건을 갖춘 행성으로 알려졌다.

제 2 장 · 우주의 신비 - 대우주 편

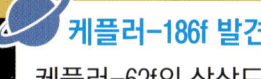 **케플러-186f 발견**
케플러-62f의 상상도이다. 이후 지구와 크기가 더 비슷한 '케플러-186f'도 발견되었다.

ⓒNASA Ames/JPL-Caltech

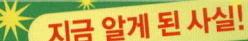 지금 알게 된 사실!

'행성 케플러-62f는'
지구와 매우 흡사하다고 알려졌다!

우주의 신비 No. 017

우주 어딘가에 다른 생명체가 존재할까?

NASA도 확신하는 다른 생명체의 존재!

미국항공우주국(NASA)의 과학자들은 앞으로 수십 년 안에 우리 인류가 우주에서 유일한 생명체가 아니라는 사실을 밝힐 수 있을 것이라고 한다. 단, 그것이 반드시 '사람과 같은 지능을 가진 생명체'라는 장담은 할 수 없다. 정말 궁금한 점은 지금까지 세계 곳곳에서 나타났다는 외계인과 UFO(미확인 비행 물체)의 존재이다. 그러나 모두 실체가 없는 목격담, 흐릿한 사진과 동영상, 가짜 증거물들뿐 누구도 우주 생명체의 존재를 밝혀내지 못했다. 하지만 지구와 유사한 행성 몇 개가 발견되었고, 끝을 알 수 없는 우주 어딘가에 실제로 지능을 가진 생명체가 또 존재할지도 모른다.

UFO와 외계인
지금까지 목격된 UFO와 외계인은 모두 정확한 실체가 없어 우주 생명체의 존재 여부를 밝히기 어렵다.

UFO

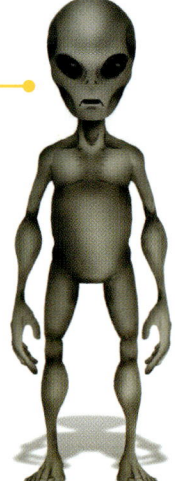

외계인

ⓒPhotoAtelier

지금 알게 된 사실!
우주 어딘가에 다른 생명체가 존재할
'가능성은 매우 크다!'

우주에서 살 수 있는 생물이 있을까?

우주로 간 무적의 곰벌레!

'완보동물'인 곰벌레는 0.05~1.5mm 정도의 매우 작은 무척추동물이다. 대사 활동을 극도로 낮춰 아무 활동도 하지 않는 상태로 만들어, 아주 혹독한 환경에서도 버틸 수 있는 대단한 동물이다. 2007년, 이 곰벌레를 직접 우주 공간에 노출시키는 실험을 실시했다. 유럽우주기구의 과학자들이 작은 점 크기의 곰벌레를 무인 우주선에 실어 우주에 보낸 것이다. 곰벌레들은 치명적인 우주 환경에 노출되었지만 대부분 살아서 돌아왔다. 돌아온 후에는 왕성하게 번식까지 하며 강한 생명력을 보여 주었다.

작은 점 크기의 곰벌레
길이 1mm의 선충과 비교해도 곰벌레가 얼마나 작은지 알 수 있다. 바닷속에 살기도 한다.

곰벌레와 선충 / 곰벌레

ⓒBob Goldstein and Victoria Madden, UNC Chapel Hill
ⓒBob Goldstein and Vicky Madden, UNC Chapel Hill

지금 알게 된 사실!
'강한 생명력을 가진 곰벌레는'
우주 공간에서 휴면 상태로 살 수 있다!

우주의 신비 No. 019

연구 성과 30%

NASA는 왜 심해 새우에 주목했을까?

우주와 심해는 모두 가혹한 환경!

2010년, 카리브 해의 심해 5000m에 있는 열수 분출공 부근에서 다양한 생물이 살고 있는 것이 확인되었다. 그중 하나가 '리미카리스 하이비새'라는 새우이다. 열수 분출공에서 뿜어져 나오는 뜨거운 물은 450℃ 이상이며, 물의 압력도 매우 높다. 이 새우는 분출공 안의 세균이 만들어 내는 탄수화물을 먹이로 삼고 있었다. 이 발표를 들은 미국항공우주국은 이렇게 뜨거운 황 화합물이 함유된 열수 분출공에서도 생물이 존재한다면 다른 행성이나 위성에서도 생명체가 살 수 있을 거라고 추측했다. 그래서 표면 아래에 바다가 있다고 추측되는 목성의 위성 '에우로파'에 주목하고 있다.

제2장 · 우주의 신비 - 대우주 편

리미카리스 하이비새

분출공의 미세한 빛을 등으로 감지
심해에 살기 때문에 눈이 없다. 대신 빛의 자극을 감지하는 감각세포가 등에 달려 있다.

ⓒNASA

지금 알게 된 사실!
'450℃ 이상의'
뜨거운 물에서 살 수 있기 때문이다!

우주의 신비 No. 020

우주를 둥둥 떠다니는 쓰레기가 있다고?

빠른 속도로 움직이는 우주쓰레기!

우주쓰레기는 우주 공간을 떠도는 다양한 크기의 인공적인 모든 물체들을 말한다. 현재 지구 주변에는 로켓에서 분리된 부품이나 수명이 다해 멈춰 버린 인공위성, 우주인이 작업하다 떨어뜨린 것 등 다양한 물체들이 우주를 떠다닌다. 이 물체들은 시속 3만km 이상의 빠른 속도로 움직이고 있기 때문에 만약 사용 중인 인공위성이나 우주정거장에 부딪친다면 커다란 피해를 입힐 수도 있다. 이 문제를 해결하기 위해 지상에서 레이저 광선을 발사해 우주쓰레기를 궤도에서 탈락시키는 방법과 가스를 가득 채운 풍선에 붙여 지구로 끌어내리는 방법 등 다양한 방법이 연구되고 있다.

우주쓰레기

'우주 감시 네트워크'로 파악
우주 감시 네트워크는 대부분 고도 2000km 이하에 분포한다. 10cm 이상인 물체를 감시하고 있다.

제 2 장 · 우주의 신비 = 대우주 편

지금 알게 된 사실!

수명이 다한 인공위성이나 로켓의 부품까지도
'모두 우주쓰레기이다!'

우주의 신비 NO. 021

우주 공간에서 물은 어떻게 될까?

공처럼 동그랗게 뭉쳐진 물방울!

우주정거장 안은 지구의 중력 효과가 나타나지 않는 '무중력상태'이다. 그래서 지구에 있을 때와는 다른 신기한 현상들을 발견할 수 있다. 예를 들면 지구에서 물은 높은 곳에서 낮은 곳으로 흐른다. 하지만 무중력상태에서는 비눗방울처럼 동그란 모양으로 둥둥 떠다닌다. 중력에서 해방된 물은 흐르는 것을 멈추지만, 표면장력(액체의 표면이 최대한 작아지려고 스스로 수축하는 힘)은 변함없이 작용하기 때문이다. 그래서 공처럼 동그랗게 물방울이 만들어지는 것이다.
여기에 약간의 충격이 더해지면 작은 물방울로 흩어지며 제각각 다른 방향으로 날아가는 진풍경도 볼 수 있다.

제2장 · 우주의 신비 - 대우주 편

무중력상태의 물

신기하지만 위험하기도 한 물
처음 보는 놀라운 광경이지만 이 물이 코에 들어가면 쉽게 나오지 않기 때문에 질식할 위험이 있다.

ⓒNASA(edited by Hive001)

지금 알게 된 사실!

'비눗방울처럼'
둥둥 떠다닌다!

62

우주의 신비 No. 022

무중력상태에서 줄다리기를 하면?

무중력상태에서의 놀라운 변화!

무중력상태에서는 사람의 일반적인 행동에도 큰 변화가 생긴다. 과연 어떤 변화가 생길까? 예를 들어 두 사람이 줄다리기를 한다고 가정해 보자. 무중력상태에서는 줄이 당겨지기는커녕 줄의 중심 쪽으로 두 사람이 모두 움직이기 때문에 결국 충돌하고 만다. 이번엔 손바닥 밀치기를 해 보자. 이 또한 서로 미는 반동 때문에 몸이 뒤로 가게 될 것이다. 지구에서 줄다리기나 손바닥 밀치기를 하면 중력이 땅으로 잡아당기기 때문에 팽팽하게 버틸 수가 있다. 그러나 무중력상태에서는 줄을 잡아당기거나 손바닥을 밀어내는 힘밖에 작용하지 않기 때문에 전혀 다른 결과가 나오는 것이다.

제 2 장 · 우주의 신비 - 대우주 편

당기는 힘과 부딪치는 힘은 정비례
무중력상태에서 잡아당기는 힘이 크면 클수록 서로 부딪쳤을 때 충격이 더 크다.

지금 알게 된 사실!
중력이 없기 때문에 버티지 못하고
'서로의 몸이 충돌한다!'

우주의 신비 No. 023

맨몸으로 우주에 나가면 어떻게 될까?

지구에서 우리의 몸은 1기압!

맨몸으로 우주 공간에 나가면 기압의 갑작스런 변화로 피가 부글부글 끓어오르거나 폐가 파열된다는 등의 무서운 이야기가 들려온다. 옛날 SF 영화에서 그런 내용을 담기도 했는데, 실제로는 어떨까? 지구에서 우리의 몸은 약 1기압의 압력을 받는데, 우주에는 기압이 없기 때문에 지구와 우주는 1기압 만큼 차이가 난다. 이것은 수심 10m 바다에서 잡은 생선이 육지로 올라왔을 때와 거의 같은 상태이다. 하지만 생선의 상태가 심각해지지 않는 것처럼 사람이 우주에 올라가도 폐가 파열되지는 않는다. 다만 우주 공간에는 공기가 없기 때문에 호흡할 수가 없다.
결국 산소 부족으로 먼저 의식을 잃은 다음, 몇 분 후에 질식사하고 말 것이다.

우주복

ⓒNASA

우주 공간에서는 우주복이 필수
우주복은 진공상태나 태양의 고열 등에 대처할 수 있으며, 해로운 방사선이나 작은 우주쓰레기도 막아 준다.

지금 알게 된 사실!
공기가 없기 때문에 몇 분 후
'질식사한다!'

우주의 신비 No. 024
우주에서는 키가 커진다는 말이 사실일까?

다양한 변화가 생기는 우리 몸!

무중력상태에서는 사람의 몸에도 다양한 변화가 생긴다. 그중 하나는 키가 달라지는 것이다. 척추에는 뼈와 뼈 사이에 연골이 있는데, 지구에서는 중력 때문에 압축되어 있다. 그런데 무중력상태가 되면 연골이 눌리지 않기 때문에 원래 크기로 돌아간다. 따라서 척추 사이가 벌어진 만큼 키도 커지는 것이다. 그러나 뼈를 붙잡아 주는 근육은 강화되지 않아 허리에 통증이 생긴다. 또 지구에서는 중력으로 인해 하반신에 피를 포함한 체액이 많이 모이지만, 무중력상태에서는 체액이 신체의 각 부위에 골고루 퍼진다. 이때 다리와 허리는 가늘어지고, 상반신으로 보내는 체액의 양이 늘어나 얼굴이 부어서 커지는 증상이 나타나기도 한다.

중력

지구에서의 키

우주에서의 키

원래대로 돌아가는 키
우주에서 커졌던 키도 지구로 돌아가면, 다시 중력의 영향을 받기 때문에 원래대로 돌아간다.

제 2 장 · 우주의 신비 - 대우주 편

지금 알게 된 사실!
우주에서는 척추 사이가 벌어져
'키가 커진다!'

우주의 신비 No. 025
우주에서도 정말 멀미를 할까?

우주인의 70%가 겪는 우주멀미!

무중력상태에서는 사람의 '감각'에도 이상이 생긴다. 무중력상태의 우주선이나 우주정거장에서 생활하는 우주인 가운데 약 70%가 우주멀미를 겪는다고 한다. 우주 공간에 들어선 후 짧게는 몇 분에서 길게는 몇 시간 사이에 나타나는 현상인데, 차멀미와 비슷하게 어지럽고 구토 증상을 느낀다. 사람은 우주 공간에 도착하면 중력의 변화를 겪게 되는데, 이는 곧 전정기관에서 발생시키는 평형감각 신호에 변화를 주게 된다. 또한 우주에서 사물들은 지구에서와는 다르게 자유롭게 배열되며, 우주인은 위아래가 없는 이러한 공간을 바라보며 생긴 시각신호를 뇌로 전달한다. 결국 우주인의 뇌에서 만난 이 신호들은 서로 다른 방향성을 나타낸다. 이로 인해 뇌는 혼란을 느껴 어지럼증, 구토 같은 멀미 증상을 보이게 되는 것이다.

3~5일 정도 지속되는 우주멀미
우주멀미는 보통 3~5일 정도 계속된다. 그동안 어지럼증이나 구역질 등의 증상과 싸워야 한다.

제2장 · 우주의 신비 - 대우주 편

지금 알게 된 사실!
구토, 어지럼증 등의
'우주멀미 증상이 나타난다!'

우주의 신비 No. 026

천체의 이름은 어떻게 정할까?

별자리와 항성의 밝기를 참고!

밤하늘의 무수히 많은 천체의 공식 이름은 국제천문연맹에서 결정한다. 특히 밝은 항성은 아랍어나 라틴어에서 유래한 고유한 이름들이 많다. 그 외 일반적인 항성들은 대부분 별자리와 항성의 밝기를 바탕으로 하는 법칙에 따라 짓는다. 하지만 혜성이 발견되면 자동적으로 발견한 사람의 이름을 붙인다. 또 소행성은 발견한 사람에게 이름 지을 권리가 제일 먼저 주어지기 때문에, 정해진 조건 안에서 자유롭게 지을 수 있다. 소행성에 이름을 붙일 때에는 보통 발견자의 이름은 붙일 수 없지만 베토벤, 생텍쥐페리 등과 같이 유명인의 이름은 쓸 수 있다.

● 항성, 소행성 이름의 유래

항성의 이름	유래	소행성의 이름	유래
알파드	아랍어로 고독한 자	말랄라	최연소 노벨평화상 수상자
알게니브	아랍어로 옆구리	카가야 유타카	일본의 일러스트레이터
이자르	아랍어로 허리띠	사마천	중국의 역사가
웨이	중국어로 꼬리	베토벤	독일의 음악가
사이프	아랍어로 거인의 검	에로스	그리스 신화의 사랑의 신
사드르	아랍어로 가슴	생텍쥐페리	프랑스의 소설가
데네브	아랍어로 새의 꼬리	안네프랑크	유대인 소녀 작가
폴라리스	라틴어로 북극성	장영실	대한민국 천문학자
미라크	옛 아랍어로 벨트	허준	조선 중기의 의학자
레굴루스	라틴어로 작은 왕	세종	조선 제4대 왕

제 2 장 · 우주의 신비 = 대우주 편

지금 알게 된 사실!

천체의 다양한 법칙에 따라
'공식 이름을 짓는다!'

제2장 | 우주의 신비

밝혀지지 않은 비밀이 가득한 신비한 태양계 속으로!

태양계 편

우리가 살고 있는 지구를 포함한 태양계는 어떤 곳일까?
태양계의 천체는 이미 잘 알려진 듯 보이지만
사실 아직도 밝혀지지 않은 신비한 비밀이 가득하다.
행성 탐사선이나 천체 관측으로 알아낸 최신 정보를 바탕으로
태양계에 숨겨진 비밀을 풀어 보자.

우주의 신비 No. 027

태양계는 어떻게 생겨났을까?

원반 한가운데에서 원시별 탄생!

태양은 약 46억 년 전에 탄생했다. 우주에는 '성운'이라는 가스나 먼지가 가득 낀 구름 모양의 천체가 있었는데, 대부분이 수소 분자로 이루어져 있었다. 언젠가부터 이 분자구름이 팽창하려는 힘보다 중력이 더 강해지기 시작했다. 중력이 너무 커져 감당하지 못할 정도가 되자 이번에는 수축하면서 한 방향으로 회전하기 시작했다. 그러면서 서서히 '원시행성계원반'이라고 불리는 원의 형태가 되었고, 원반의 한가운데에서 원시별이 생겨났다. 이 원시별은 주변의 물질을 끌어당기며 점점 커졌고, 환한 빛을 내는 태양이 되었다. 또 회전하는 소용돌이 원반의 가장자리 부분에서는 다양한 행성들이 만들어져 태양계가 완성되었다.

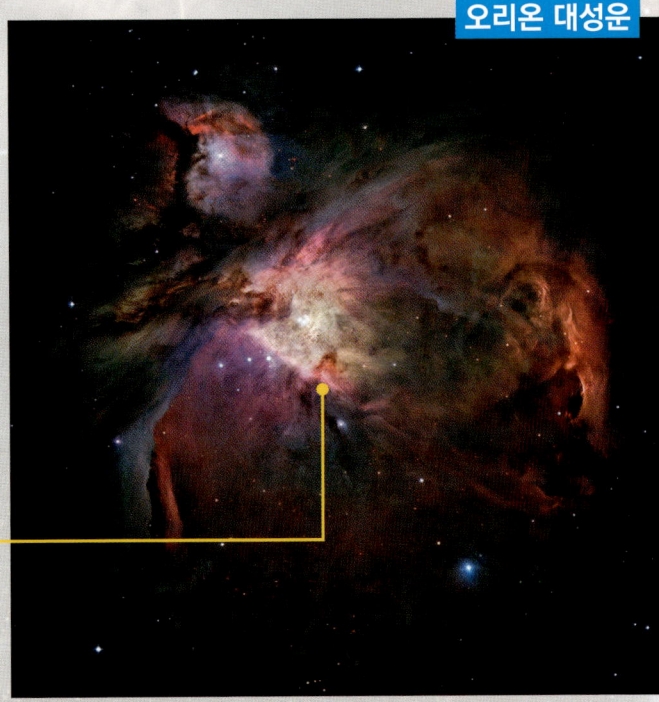

오리온 대성운

행성이 탄생하고 있는 오리온 대성운
쌍안경으로도 보이는 오리온 대성운에서 원시행성계원반이 생겨나고 있다.

ⓒNASA, ESA, M. Robberto(STScI/ESA) et al.

제 2 장 · 우주의 신비 - 태양계 편

지금 알게 된 사실!
지금으로부터 약 46억 년 전
'분자구름에서 탄생하다!'

행성의 탄생 과정!

태양의 원료가 생긴 후 천천히 성장하여 항성이 되었다. 그 주변을 도는 원시행성계원반 안에 있던 먼지 알갱이들은 서로 부딪치고 합치는 걸 반복하면서 수많은 미행성으로 성장했다. 이 미행성은 다시 충돌과 합체를 반복하면서 점점 커졌다. 그 후 달 정도의 크기를 가진 원시행성을 거쳐 행성으로 자리잡았다. 이 과정에서 암석이나 금속이 주재료인 화성보다 더 안쪽에 있는 행성은 암석 행성이 되었다. 그리고 이들 재료에 얼음이나 이산화탄소 등이 뭉쳐진 목성보다 더 멀리 떨어진 행성은 가스 행성이나 얼음 행성이 되었다.

분자구름이 '원시행성계원반'을 형성
일정한 밀도를 넘는 분자구름은 강한 중력으로 수축하면서 회전한다. 원시행성계원반을 형성하기 시작하면서 원시별이 탄생한다.

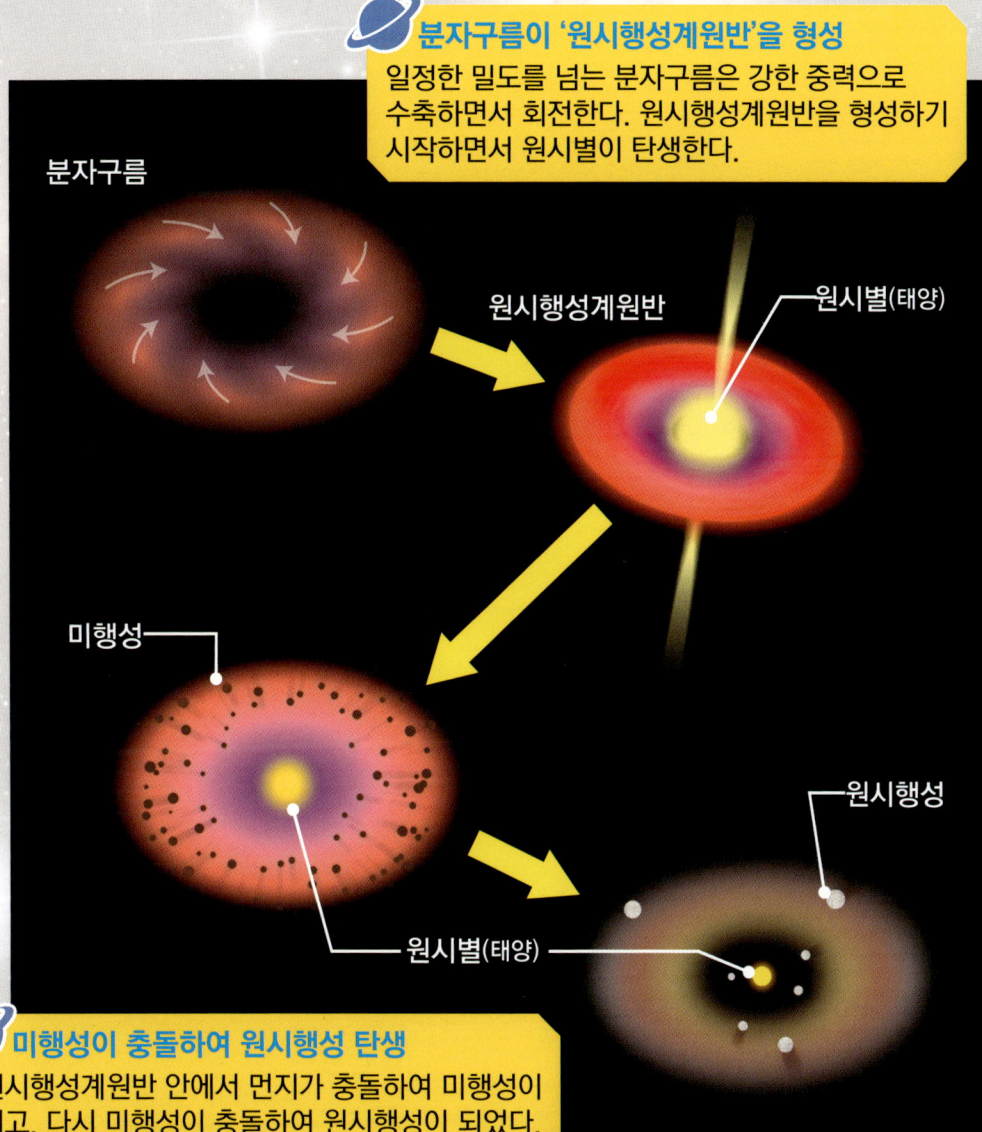

미행성이 충돌하여 원시행성 탄생
원시행성계원반 안에서 먼지가 충돌하여 미행성이 되고, 다시 미행성이 충돌하여 원시행성이 되었다.

제 2 장 · 우주의 신비 - 태양계 편

우주의 신비 No. 028
태양은 어떻게 빛을 낼 수 있을까?

제2장·우주의 신비-태양계 편

태양에서 벌어지는 핵융합 반응!

태양의 중심부에서는 수소가 헬륨으로 바뀌는 핵융합 반응이 일어나 많은 에너지가 방출된다. 태양은 대부분 수소로 이루어져 있는데, 중력으로 압축된 수소가 고온이 되면서 4개의 수소원자에서 1개의 헬륨원자를 만드는 핵융합 반응을 일으킨다. 이때 중성미자나 감마선으로 에너지가 뿜어져 나오는데, 감마선은 주변의 전자나 원자의 방해를 받아 태양 바깥으로 나갈 수가 없다. 그래서 다시 가스에 흡수되어 다른 모양으로 뿜어져 나오기를 여러 번 반복한다. 결국 마지막에는 파장이 긴 전자기파가 되어 태양 밖으로 나간다. 이것이 바로 태양이 내뿜는 빛과 열의 정체이다.

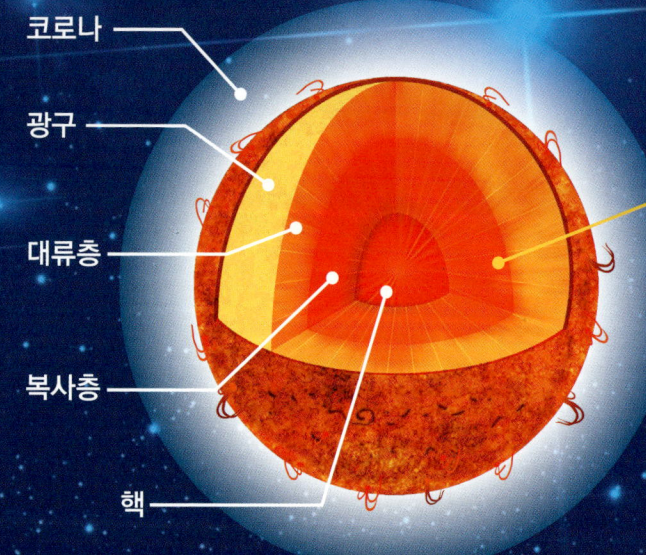

에너지 방출까지 걸리는 기나긴 시간
핵 부근에서 생긴 에너지가 복사층을 빠져나가는 데 걸리는 시간은 무려 17만 년 이상이라고 한다.

─ 코로나
─ 광구
─ 대류층
─ 복사층
─ 핵

지금 알게 된 사실!
태양이 빛을 내는 이유는
'수소 핵융합 반응 때문이다!'

우주의 신비 No. 029

지구는 과연 태양의 영향을 받을까?

태양의 폭발 현상, 플레어!

태양에서 나오는 에너지 중 '태양풍'이라는 것이 있다. 지구는 늘 태양풍에 노출돼 있는데 지구를 둘러싸고 있는 자기장으로 인해 지구에 도달하는 대부분의 태양풍은 자기권 밖으로 흩어진다. 그러나 태양이 매우 활발한 활동을 하면 태양 표면에서 '플레어'라고 불리는 큰 폭발이 일어난다. 이 플레어의 영향으로 엄청난 자기장과 방사능을 가진 강한 태양풍이 돌풍처럼 불 때가 있다. 그중에서도 유난히 강한 에너지를 지닌 태양풍은 인공위성에 피해를 주기도 하고, 심하면 지상의 발전소 등을 파괴할 수도 있다.

오로라

태양풍의 영향을 받는 오로라
북극이나 남극에서 볼 수 있는 오로라도 태양풍이 가져온 입자의 운동과 관계가 있다.

지금 알게 된 사실!
지구가 태양에게 받는 영향은
'매우 크다!'

제 2 장 · 우주의 신비 - 태양계 편

우주의 신비 No. 030

태양의 수명은 얼마나 될까?

연구 성과 50%

이미 약 46억 년이 흐른 태양!

태양의 수명은 약 100억 년으로 알려져 있다. 따라서 이미 태양이 생긴 지 약 46억 년이 흘렀기 때문에 앞으로 50억 년 이상은 계속 빛날 거라고 추측된다. 태양은 항성 중에서는 작은 편으로 초신성 폭발을 일으키지 않고, 최후에는 적색거성을 거쳐 백색왜성이 되어 천천히 식어갈 것이다. 만약 인류가 그때까지 살아 있다고 하더라도, 태양이 적색거성이 되는 단계에서 지구는 이미 살 수 없는 별이 되기 때문에 서둘러 탈출해야 한다. 적색거성으로 변할 때가 되면 엄청난 에너지를 우주 공간으로 방출하는 만큼 이미 지구는 생물이 살 수 없는 상태가 되기 때문이다. 지금보다 훨씬 더 뜨거운 태양 빛이 지구를 내리쬐면 현재의 태양에 적응해 있는 지구상의 생물은 살아남지 못한다.

적색거성이 된 태양

태양과 지구의 상상도
적색거성이 된 태양과 지구를 상상한 그림이다. 일찍부터 태양이 지구를 집어삼킬 것이라고 예상되어 왔다.

ⒸFsgregs

지금 알게 된 사실!

예상되는 태양의 수명은
'약 100억 년이다!'

우주의 신비 No. 031

수성은 어떤 특징을 가진 행성일까?

대기가 희박한 가장 작은 행성!

태양과 가장 가까운 수성은 태양계 행성들 중 가장 작은 꼬마 행성이다. 수성은 지구의 40%정도 되는 크기로 달보다 1.4배 정도 크다. 수성의 공전주기는 약 88일로 행성 중에서는 가장 빠른 속도로 태양 주위를 돌고 있다. 태양에서 가까워 낮에는 온도가 약 430℃까지 올라가고, 밤에는 약 -170℃까지 떨어진다. 수성은 질량이 작아 인력이 약하기 때문에 공기를 붙잡아 둘 수 없다. 따라서 대기가 아주 희박해서 일교차가 큰 것이다. 표면에 울퉁불퉁 나 있는 크레이터로 수많은 우주 물체와 충돌했다는 사실을 알 수 있다.

수성의 크레이터

크레이터의 얼음
극지 부근의 온도는 적도 부근보다 훨씬 낮아서 크레이터에 얼음이 있을 가능성이 있다고 한다.

ⓒNASA

지금 알게 된 사실!
대기가 매우 희박해
'일교차가 큰 행성이다!'

제 2 장 · 우주의 신비 - 태양계 편

우주의 신비 No. 032

수성에 가려진 미지의 행성이 있을까?

미지의 행성, 발칸!

1859년에 프랑스 천문학자 르 베리에가 수성을 면밀하게 관찰한 결과 근일점(행성이 1년 중 태양에 가장 근접하는 점)이 100년에 38초씩 이동하는 것을 발견하였다. 이 관측 결과를 설명하기 위해 태양과 수성 사이에 보이지 않는 행성 '발칸'의 존재를 가정하고, 발칸의 영향 때문이라고 하였다. 하지만 아인슈타인이 일반상대성이론으로 이 보이지 않는 행성을 가정하지 않고도 관측 사실을 완벽하게 증명하였다. 이로써 발칸은 존재하지 않는 행성으로 밝혀졌다.

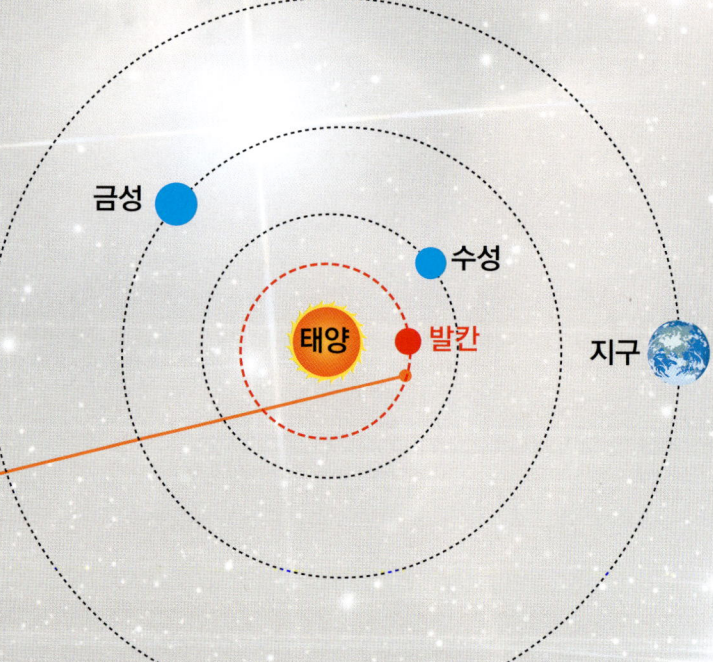

발칸의 존재를 상상
수성 안쪽에 있는 미지의 행성으로 예상했던 발칸은 일반상대성이론이 등장하면서 존재하지 않는 행성으로 밝혀졌다.

제2장 · 우주의 신비 - 태양계 편

지금 알게 된 사실!
'일반상대성이론으로'
발칸은 존재하지 않는 행성으로 밝혀졌다!

우주의 신비 No. 033

연구 성과 15%

금성은 지구와 얼마나 닮았을까?

대기의 대부분은 이산화탄소!

금성의 지름은 지구의 약 95%, 질량은 약 80%로 지구와 크기가 비슷한 행성이다. 또한 밀도와 내부 구조도 지구와 흡사하다고 추측된다. 그러나 환경은 지구에 비해 훨씬 혹독하다. 금성에도 대기가 있지만 성분의 96%가 이산화탄소이며 수증기는 0.1%밖에 없다. 대기의 상층부는 진한 황산 구름으로 덮여 있어 태양열이 밖으로 나가지 못한다. 따라서 지표면의 온도를 많이 높이는 온실효과가 생겨 평균온도가 470℃ 넘게 되는 것이다. 표면의 기압도 90기압으로, 지구와 비교하면 심해 900m의 세계와 같은 상태이기 때문에 사람이 도저히 살 수 없다.

금성과 지구

🪐 **크기는 비슷하지만 전혀 다른 환경**
'지구의 형제별'이라고 불릴 만큼 지구와 크기가 비슷하지만 환경은 완전히 다르다.

제 2 장 · 우주의 신비 - 태양계 편

지금 알게 된 사실!
'금성은 지구와 크기는 닮았지만'
환경은 완전히 달라서 사람이 살 수 없다!

우주의 신비 No. 034
지구에는 어떻게 바다가 있을까?

태양과 적당한 거리를 유지!

지구의 표면은 약 70%가 푸른 바다로 덮여 있다. 태양계의 여러 행성들 중에서 유독 지구에만 물이 이렇게 풍부한 이유는 뭘까? 그것은 지구가 공전하는 궤도가 생명체가 살 수 있는 곳에 있기 때문이다. 행성에 물이 졸졸 흐르는 액체 상태로 존재하려면, 이글거리는 항성(지구에서는 태양)에서 적당한 거리를 두고 주위를 돌아야 한다. 물은 항성과 너무 가까우면 증발하여 기체가 되고, 반대로 너무 멀어지면 얼어붙게 되기 때문이다. 지구의 이 절묘한 위치 덕분에 지구에는 생명의 원천인 푸른 바다가 항상 넘실거린다.

변화하는 서식 가능 지역
생명체가 살아갈 수 있는 서식 가능 지역의 위치는 항성의 상태에 따라 다르다. 먼 미래에는 지구의 바깥쪽이 될 가능성이 있다.

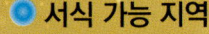
● 서식 가능 지역

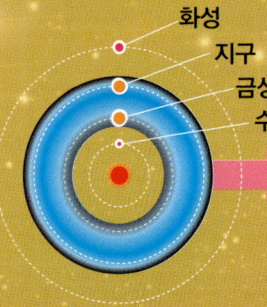
45억 년 전

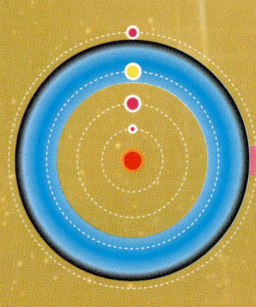
현재

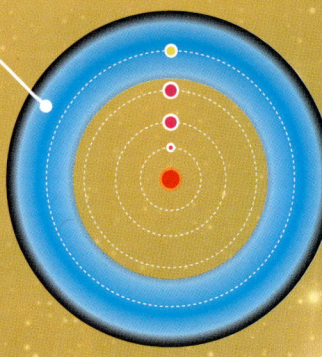
50억 년 후

지금 알게 된 사실!
'지구의 공전 궤도가'
서식 가능 지역에 있기 때문이다!

우주의 신비 No. 035

지구 생물들의 진짜 고향은 어디일까?

혜성에서 체조직 물질 발견!

지구상의 생명의 기원에 관한 이론은 끝임없이 논쟁되고 있다. 그중 판스페르미아설은 다른 천체에서 생겨난 미생물의 포자 같은 것이 운석이나 혜성으로 운반되어 왔다는 추측이다. 실제로 생물에 꼭 필요한 아미노산은 운석이나 혜성의 충돌로도 합성된다는 사실이 이미 알려져 있다. 또한 지구의 운석이나 혜성을 조사했을 때, 이미 체조직(몸을 구성하고 있는 조직)을 만드는 물질이 발견되었기 때문에 전혀 근거 없는 이야기는 아니다.

혜성 빌트 2

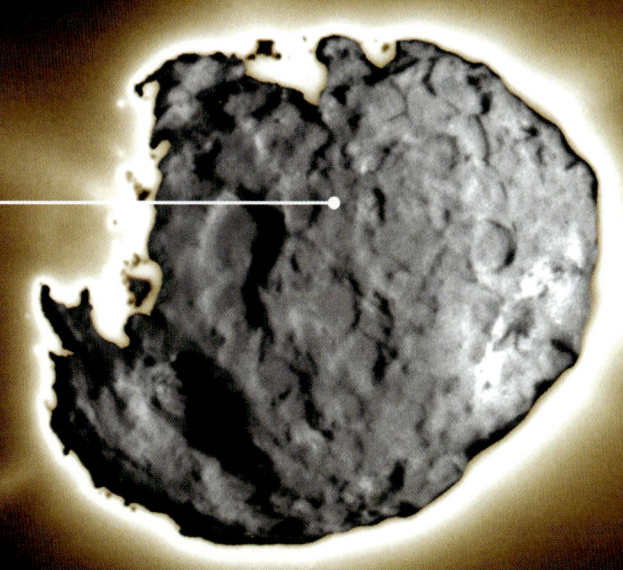

혜성에서 발견된 아미노산
NASA가 혜성 '빌트 2'를 조사했는데, 아미노산의 일종인 글리신이 발견되었다.

ⓒNASA/JPL

제 2 장 · 우주의 신비 - 태양계 편

지금 알게 된 사실!
'생명의 기원에 관한 이론은'
끊임없이 논쟁되고 있다!

우주의 신비 No. 036

지구에서 가장 거대한 크레이터는?

가장 거대한 운석구덩이!

크레이터는 운석이 떨어질 때의 충격으로 표면에 생기는 둥근 구덩이를 말하는데, '운석공' 또는 '충돌구'라고도 불린다. 현재 남아 있는 것 중에서 가장 거대한 크레이터는 남아프리카공화국에서 발견된 브레드포트 돔이다. 약 20억 년 전 운석 충돌로 형성되었으며 반지름이 190km 이상으로 현재 지구상에 발견된 200여 개의 크레이터 중 가장 크고 오래됐다. 지구의 역사를 알 수 있는 중요한 지리학적 정보를 제공하고 있어 현재까지 많은 연구가 이루어지고 있다. 2005년에는 '유네스코 세계유산'으로 지정되기도 하였다.

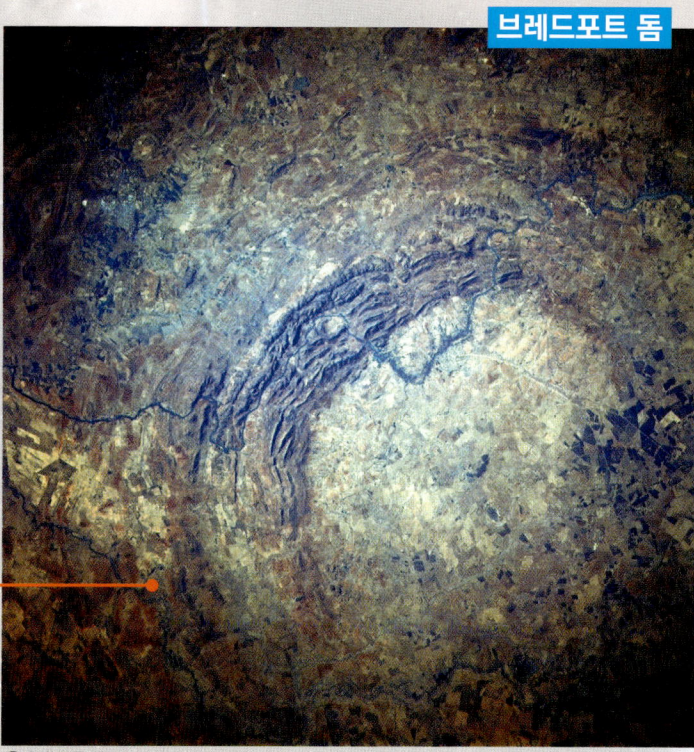

브레드포트 돔

©Julio Reis

중요한 지리학적 정보 제공
브레드포트 돔은 지구의 역사를 알 수 있는 중요한 지리학적 정보를 제공하고 있다.

지금 알게 된 사실!
가장 거대한 크레이터는
'브레드포트 돔이다!'

우주의 신비 No. 037

거대 소행성을 파괴할 수 있을까?

NASA에서 소행성 감시!

소행성 중에는 지구로 떨어졌을 때 큰 피해를 입힐 만큼 거대한 크기도 있다. 미국항공우주국에서는 이러한 소행성을 감시하고 있는데, 현재 거대 소행성을 파괴할 수 있는 방법은 아직 밝혀지지 않았다. 하지만 미국항공우주국은 탐사선 딥 임팩트에서 혜성을 향해 탄환을 쏘는 데 성공했다. 이는 어디까지나 혜성을 조사하기 위한 것이었는데, 유럽우주기구에서는 이 방법을 응용하여 우주선을 소행성에 부딪치게 하여 궤도를 바꾸는 실험을 계획하고 있다.

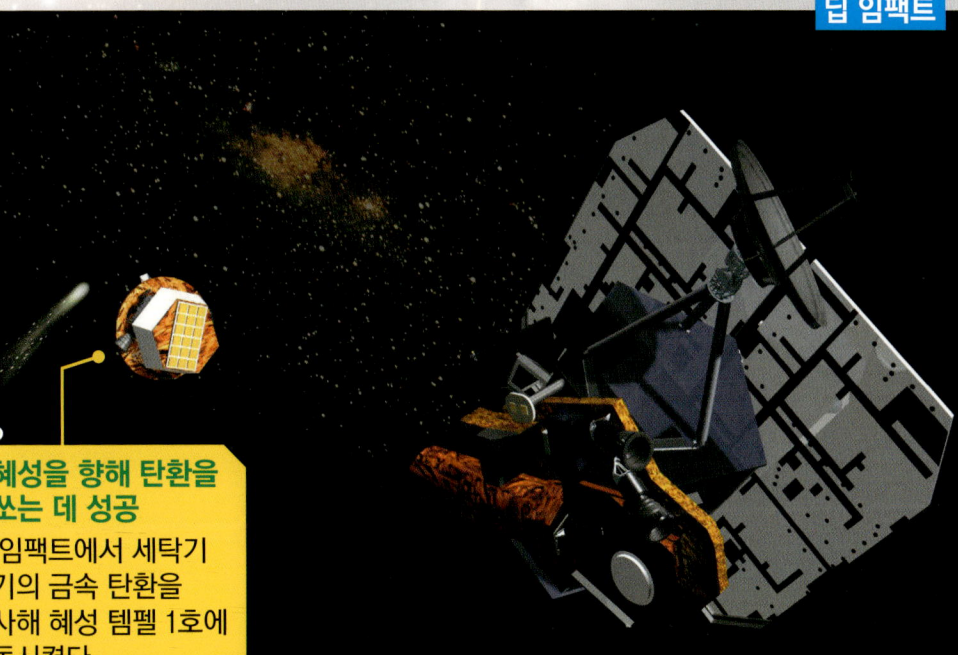

딥 임팩트

혜성을 향해 탄환을 쏘는 데 성공
딥 임팩트에서 세탁기 크기의 금속 탄환을 발사해 혜성 템펠 1호에 충돌시켰다.

지금 알게 된 사실!
거대 소행성을 파괴하는 것은
'현재 기술로는 불가능하다!'

제 2 장 · 우주의 신비 – 태양계 편

우주의 신비 No. 038
지구 주위를 도는 달은 어떻게 생겨났을까?

달의 기원을 둘러싼 4가지 가설!

행성의 주위를 돌고 있는 천체가 위성이다. 지구의 하나뿐인 위성인 달은 지름이 지구의 4분의 1정도이다. 위성으로서는 어울리지 않게 커서 달이 지구의 위성이 된 이유에 대한 다양한 가설이 세워졌다. 아직 정확히 밝혀지지는 않았지만, 현재는 거대 충돌설이 힘을 얻고 있다. 이 가설에 따르면 지구가 아직 초기의 원시행성이었을 때 화성 크기만한 다른 원시행성과 충돌했다. 이때 깨져서 흩어진 조각들은 대부분 지구로 떨어졌지만, 남은 일부 조각들은 지구 주변을 돌면서 뭉쳐져 고리를 만들었다. 그 고리 안에서 충돌과 합체를 반복하여 달이 되었다는 것이다.

제2장 · 우주의 신비 - 태양계 편

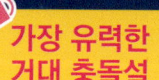

가장 유력한 거대 충돌설
달의 기원을 둘러싼 4가지 가설 중 현재 가장 유력하게 검토되는 가설은 거대 충돌설이다.

 **지금 알게 된 사실!**

'달은 거대 충돌로'
생겨났다는 설이 가장 유력하다!

우주의 신비 No. 039

일식은 왜 일어나는 걸까?

태양을 삼킨 달!

일식은 태양과 지구 사이에 놓인 달이 태양의 일부나 전부를 가리는 현상이다. 태양과 달, 지구가 일직선상에 놓이면 지구에 달의 그림자가 생긴다. 이 그림자가 있는 곳에서 일식을 관측할 수 있다. 지구에서 봤을 때 태양이 움직이는 경로를 '황도', 달이 움직이는 경로를 '백도'라고 한다. 백도는 황도에 비해 약 5도 정도 기울어져 있다. 기울기 차이가 크지 않기 때문에 달이 지구를 공전하며 태양의 앞쪽으로 지나 태양을 가리는 때가 생기는데, 이때 일식이 일어나는 것이다. 달이 태양을 가려 태양의 전부가 보이지 않는 현상을 '개기일식', 일부가 보이지 않는 현상을 '부분일식'이라고 한다.

제 2 장 · 우주의 신비 - 태양계 편

조건에 따라 다르게 보이는 일식
지구로부터의 달과 태양의 각 거리나, 어디서 보는지에 따라 다르게 보인다.

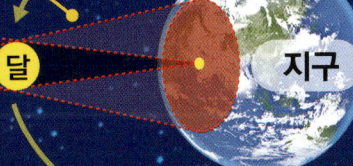

부분일식이 보이는 지역

개기일식이 보이는 지역

지금 알게 된 사실!
달이 지구를 공전하며 태양을 가릴 때
'일식이 일어난다!'

우주의 신비 No. 040

월식은 왜 일어나는 걸까?

일식보다 자주 관측되는 월식!

밤에 달이 밝게 보이는 이유는 태양의 빛을 받기 때문이다. 그러나 태양에서 봤을 때 달이 정확히 지구의 본그림자에 들어가면 지구가 태양 빛을 가리게 된다. 이것이 바로 달이 지구의 그림자에 가려 일부나 전부가 가려지는 '월식'이다. 보름달일 때에만 일어나며 달이 지구의 본그림자에 전부 들어가면 개기월식, 일부가 들어가면 부분월식, 달이 지구의 반그림자에 들어가면 반영식이 생긴다. 일식이 월식보다 자주 일어나지만 일식은 지구상의 극히 한정된 곳에서만 볼 수 있는 반면, 월식은 지구의 밤인 곳 어디에서나 볼 수 있기 때문에 월식이 더 자주 관측된다.

월식이 일어나는 원리
월식은 공전하는 달이 지구의 본그림자에 들어갔을 때 발생한다. 반그림자의 범위에서는 달은 어두워진다.

지금 알게 된 사실!
달이 지구의 본그림자에 들어가면
'지구가 태양 빛을 가려서'
월식이 일어난다!

우주의 신비 No. 041

달의 토지를 사는 것이 가능할까?

달의 토지를 사들인 미국 기업!

황당하지만 최근에 달이나 화성 등의 토지를 사고파는 미국 기업이 나타났다. 국제 조약에는 '우주 조약'이라는 것이 있는데, 천체나 우주 공간을 국가가 소유하는 것을 금지하고, 탐사나 이용은 모든 나라의 이익이 되도록 국제법에 따라 모든 인류가 실시할 수 있다고 정해져 있다. 그러나 우주 조약이 국가와 정부 단체 간의 협정으로 개인의 소유를 금지하는 국제법이 없어서 이를 이용한 것이다. 이 기업은 '루나 엠버시'라는 부동산 회사로 전 세계적으로 600만 명 이상의 사람들에게 110억 원 이상의 달 토지 거래를 성사했다고 보고했다.

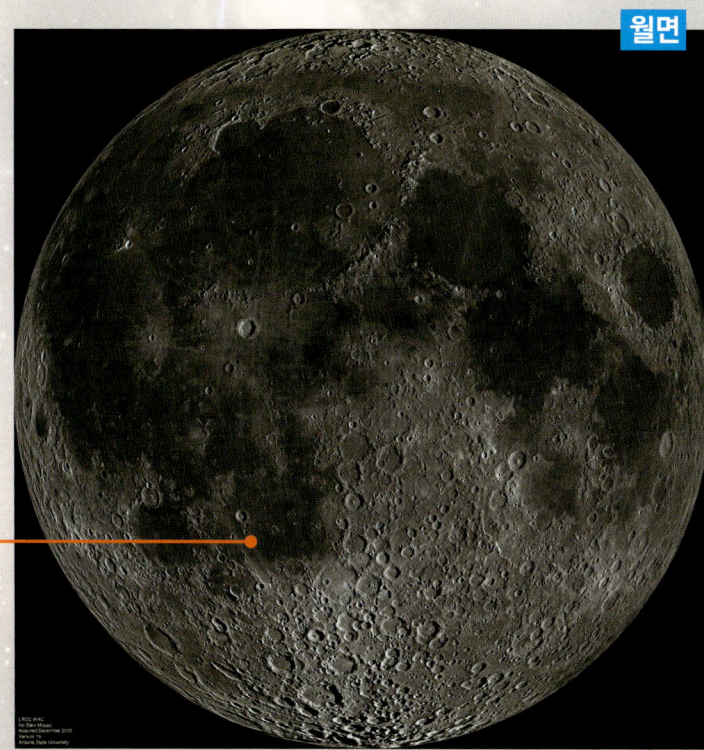

월면

ⓒNASA/GSFC/Arizona State University

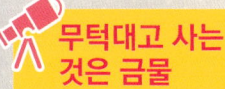

무턱대고 사는 것은 금물
달의 토지를 살 수는 있어도 보장받기가 쉽지 않다는 걸 꼭 염두에 두어야 한다.

제2장 · 우주의 신비 - 태양계 편

지금 알게 된 사실!
'살 수는 있지만'
권리를 보장받을 수 있는지는 불확실하다!

우주의 신비 No. 042

달의 암석이란 무엇일까?

가장 대표적인 아폴로 계획의 암석!

'달의 암석'이라고 하면 미국 아폴로 계획의 암석이 유명하다. 그러나 그 외에도 소련의 루나 계획에서 갖고 돌아온 암석이나 달에서 떨어진 운석 등이 존재한다. 이 암석들은 46~32억 년 전의 것으로 판명되었다. 달의 암석은 기후에 영향을 받지 않으며 바람, 물 또는 얼음에 의해 침식되지도 않는다. 지금도 아폴로 우주인의 발자국은 처음 만들어진 당시만큼이나 선명한 것을 보아서도 알 수 있다. 지금도 달의 암석은 다양한 방면으로 연구되고 있다.

달의 암석

박물관에 전시된 달의 암석
워싱턴 DC의 스미소니언 박물관에 있는 달의 암석. 칼슘이 풍부한 회장석이다.

제 2 장 • 우주의 신비 - 태양계 편

지금 알게 된 사실!
달에서 채취해 온 암석을
'달의 암석이라고 한다!'

우주의 신비 No. 043

달에 정말로 물이 존재할까?

달의 암석에서 발견된 물 분자!

달의 극지 부근에는 영영 해가 닿지 않는 크레이터가 있으며, 그곳에 얼음이 있을 가능성은 꾸준히 제기되어 왔다. 아폴로 계획 때 채취한 달의 암석에서 아주 적은 양이지만 물이 확인되었기 때문이다. 처음에는 지구에서 오염된 것이라고 결론을 내렸다. 하지만 2008년 달의 암석을 넣어 둔 유리 전시물 안에서 물 분자가 발견되었고, 2009년 미국항공우주국은 관측위성 엘크로스로 달의 남극을 조사했다. 위성을 부딪쳐 떠오른 먼지에서 열에 증발된 얼음의 수증기가 관측되면서 달에는 예상보다 많은 물이 있다는 사실이 판명되었다.

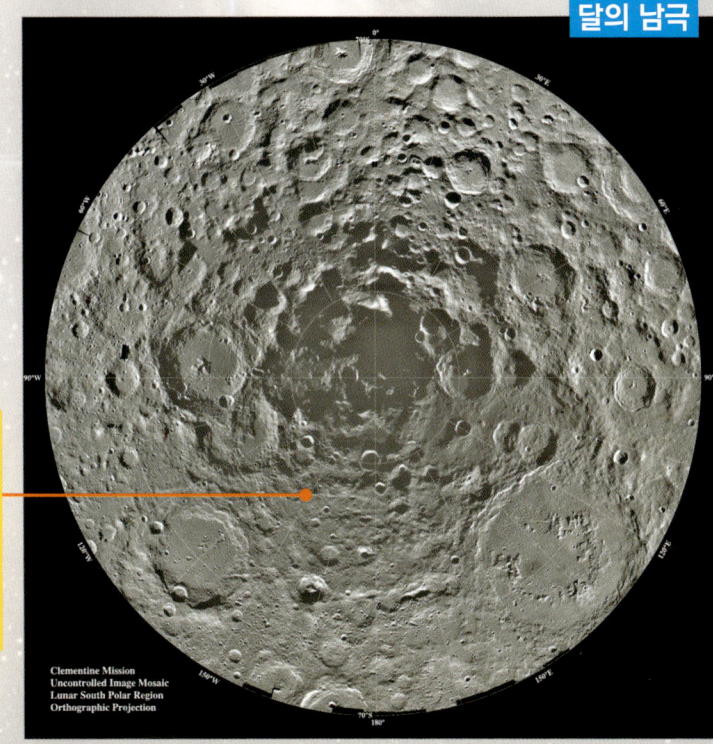

달의 남극

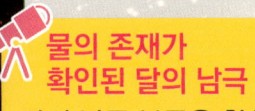

물의 존재가 확인된 달의 남극
달의 남극 부근을 합성한 사진. '달의 바다'라고 불리는 어두운 부분이 펼쳐지고 주위에는 크레이터가 있다.

제 2 장 · 우주의 신비 - 태양계 편

지금 알게 된 사실!

달에는 예상보다 많은
'물이 존재한다!'

우주의 신비 No. 044

화성은 어떤 특징을 가진 행성일까?

모래 폭풍과 계절의 변화!

화성의 크기는 지구의 절반 정도이며 질량은 10분의 1정도로 가볍다. 공전주기는 약 687일로 지구보다 훨씬 길지만, 자전주기는 24시간 37분으로 지구와 거의 같다. 자전축이 기울어져 있기 때문에 사계절이 있고, 얇지만 이산화탄소를 주요성분으로 하는 대기가 있다. 서리가 내리거나 모래 폭풍이 불기도 하는 등 계절의 변화가 지구와 닮았다. 극지에는 얼음이 있다는 사실도 밝혀졌다. 또 화성은 지표면에 산화철을 많이 포함하고 있어 불그스름하게 보인다. 1960년대 이후부터 많은 무인 우주선이 화성으로 보내졌다. 지구와 거리도 가깝고 탐사하기 좋은 환경을 갖고 있기 때문이다.

탐사선이 잡아낸 화성의 풍경
NASA의 '마스 패스파인더'가 촬영한 화성. 지표면이 붉은색이라는 것을 알 수 있다.

화성의 표층

ⓒNASA/JPL

지금 알게 된 사실!
'물과 사계절이 있는'
지구를 닮은 행성이다!

우주의 신비 No. 045

화성에 과연 생물이 존재할까?

연구 성과 10%

생물이 존재할 수 있는 환경!

지금까지 화성에 탐사선을 여러 번 보냈지만, 생명체는 한번도 발견되지 않았다. 그러나 무인 탐사선 큐리오시티가 조사한 결과, 예전에 물이 흘렀을 가능성이 높은 지형과 생물이 존재할 수 있는 환경으로 추측되는 장소가 발견되었다. 또한 남극에서 발견된 화성에서 온 운석, '앨런 힐스 84001'을 전자현미경으로 관찰한 결과 미생물의 흔적으로 생각되는 사슬 모양이 발견되었다. 과학자들은 "매우 작은 세균의 일종이 아닐까?" 하고 추측하였지만 정체는 아직 밝혀지지 않았다.

미생물의 흔적 발견
전자현미경으로 관찰한 모습이다. 가늘고 긴 부분이 미생물의 흔적으로 추측되었다.

앨런 힐스 84001

ⒸNASA

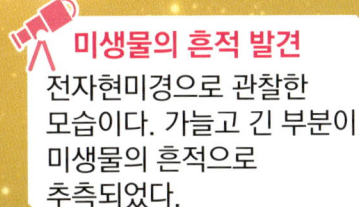

전자현미경으로 관찰한 앨런 힐스 84001

ⒸNASA

제 2 장 · 우주의 신비 - 태양계 편

지금 알게 된 사실!

'화성의 운석에서'
미생물의 흔적이 발견되었다!

우주의 신비 No. 046
소행성대란 무엇일까?

거대한 행성도 존재!

소행성대는 화성 궤도와 목성 궤도 사이에 소행성이 많이 있는 영역을 말한다. 이 소행성대는 태양계가 이루어진 시점에 생긴 미행성이 행성으로 자라나지 못했거나, 행성의 모습을 갖추기는 했지만 목성의 중력 때문에 부서진 것들로 이루어졌다고 한다. 지름 1km 이상의 소행성들만 해도 100만 개 이상일 거라고 추정되는데, 그중에는 2006년에 왜소행성으로 다시 분류된 세레스처럼 거대한 소행성도 존재한다.

세레스

왜소행성으로 판명된 세레스
소행성으로서 최초로 발견된 세레스는 지름이 900km 이상으로 최대 소행성이다.

ⓒNASA, ESA, J. Parker (Southwest Research Institute), P. Thomas (Cornell University), and L. McFadden (University of Maryland, College Park)

지금 알게 된 사실!
소행성이 많이 모여 있는
'화성과 목성 사이를 말한다!'

제 2 장 • 우주의 신비 - 태양계 편

우주의 신비 No. 047
목성은 어떤 특징을 가진 행성일까?

태양이 되려다 만 행성!

목성은 '태양이 되려다 만 행성'으로 불릴 정도로 거대한 크기를 자랑한다. 태양계 중에서도 가장 큰 행성이다. 지름은 지구보다 약 11배 더 크고, 부피는 약 1300배, 질량은 약 318배 크다. 이렇게 크다 보니 태양계 나머지 행성들의 공전 궤도에 영향을 줄 만큼 강한 중력을 지니고 있다. 또한 이 중력의 영향으로 가장 가벼운 수소조차 목성을 탈출하기 쉽지 않다고 한다. 목성은 대기 운동으로 생긴 소용돌이 모양의 대적점이 특히 유명한데, 이 대적점은 타원형으로 알려져 있다. 색깔은 어두운 붉은색부터 갈색까지 있으며, 몇 년마다 바뀐다고 한다.

목성의 대적점
©NASA

점점 작아지는 거대 소용돌이
대적점이 '대기의 소용돌이'라는 사실이 밝혀졌다. 이 소용돌이는 근래 들어 점점 작아지고 있다고 한다.

제2장 · 우주의 신비 - 태양계 편

지금 알게 된 사실!
'태양계에서 가장 큰 행성으로'
소용돌이 모양의 대적점이 있다!

우주의 신비 No. 048

토성은 어떤 특징을 가진 행성일까?

태양계에서 2번째로 큰 행성!

토성은 목성에 이어 태양계에서 2번째로 큰 행성이지만 밀도는 태양계에서 가장 낮다. 토성의 지름은 지구의 9.5배, 부피는 755배이다. 토성의 대기 성분은 목성과 비슷하며 지금까지 메탄, 암모니아, 에탄, 헬륨, 수소분자 등이 검출되었다. 그중에서 수소분자가 가장 풍부하다고 한다. 가장 큰 특징인 고리는 암석이나 얼음 덩어리가 모여 만들어진 것인데, 토성의 중력으로 끌려온 혜성 등이 부서진 것으로 추측된다. 고리 중간에 틈이 있는 구조나 어두운 부분이 있는 이유 등을 포함하여 아직도 밝혀지지 않은 비밀이 많다.

토성의 고리 상상도

수시로 변하는 토성의 고리
토성의 고리 상상도. 얼음 덩어리가 고리의 개체를 형성했다가 부서지기를 반복한다.

ⓒNASA/JPL/University of Colorado

지금 알게 된 사실!

태양계에서 2번째로 크지만
'밀도가 가장 낮은 행성이다!'

제 2 장 · 우주의 신비 - 태양계 편

우주의 신비 No. 049
천왕성은 어떤 특징을 가진 행성일까?

연구 성과 5%

태양계에서 3번째로 큰 행성!

천왕성은 태양계의 7번째 행성이다. 크기는 지구보다 약 4배 정도 크고, 질량은 약 14.5배이다. 토성에 이어 태양계에서 3번째로 큰 행성이다. 토성처럼 고리를 가졌지만 11개나 되는 고리는 모두 얇아서 잘 보이지 않는다. 중심에 있는 암석의 핵을 얼음이 포함된 맨틀이 덮고 있으며, 그 위를 헬륨과 메탄을 함유한 수소 가스가 감싸고 있다. 또한 천왕성은 자전축이 약 98도 기울어져 있어 비스듬히 누운 채 태양 주위를 돌고 있다. 이는 천왕성이 탄생하고 얼마 지나지 않아 행성 크기 정도의 천체와 충돌했는데, 그 충격으로 기울어진 것으로 추정된다.

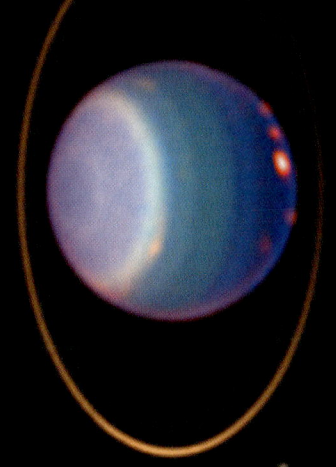
천왕성의 고리와 위성

우주망원경에 찍힌 천왕성
허블우주망원경이 천왕성을 촬영했다. 대기에서 붉은색이 흡수되기 때문에 푸르게 보인다.

제2장 · 우주의 신비 - 태양계 편

지금 알게 된 사실!
'비스듬히 누운 채'
공전하는 행성이다!

우주의 신비 No. 050

연구 성과 5%

해왕성은 어떤 특징을 가진 행성일까?

메탄 성분으로 푸르게 보이는 행성!

태양계의 8번째 행성인 해왕성은 태양계 행성 중 태양에서 가장 멀리 떨어져 있다. 해왕성의 대기는 천왕성과 마찬가지로 수소와 헬륨 그리고 메탄으로 이루어져 있다. 사실 해왕성이 파랗게 보이는 것은 대기의 메탄 성분이 태양의 빨간빛을 흡수하고 파란빛을 잘 반사하기 때문이다. 크기 또한 천왕성과 비슷한데 지름은 조금 짧고, 질량은 약간 더 크다. 자전주기는 16시간으로 짧지만, 공전주기는 165년으로 태양계에서 가장 길다. 해왕성은 태양에서 아주 멀어 평균온도가 -220℃일 정도로 혹독하게 얼어붙은 세계이다. 4개의 희미한 고리를 가지고 있는 것도 특징이다.

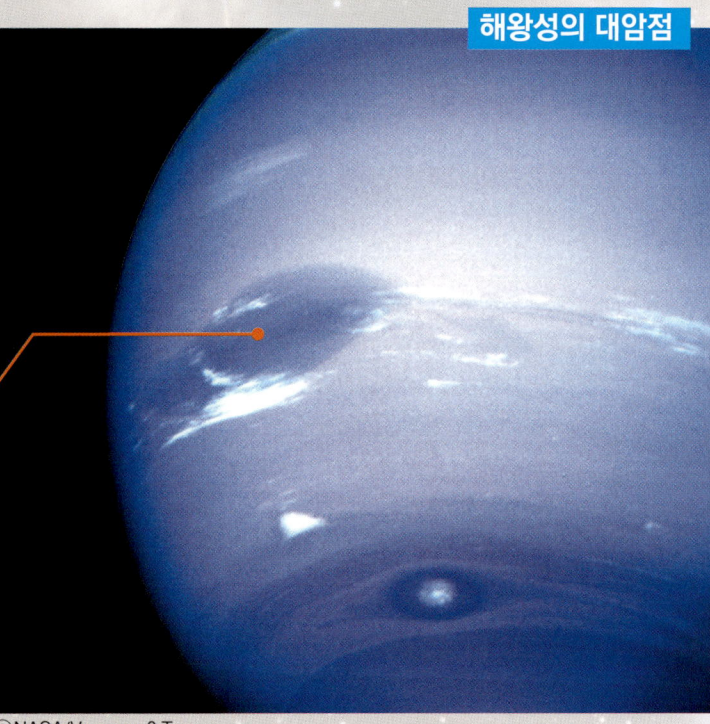

해왕성의 대암점

ⓒNASA/Voyager 2 Team

목성의 대적점과 비슷한 대암점
'대암점'이라 불리는 거대 폭풍이 관측되었지만 현재는 소멸하였다.

제2장 · 우주의 신비 - 태양계 편

지금 알게 된 사실!
평균온도가 -220℃로 혹독하게
'얼어붙은 행성이다!'

우주의 신비 No. 051

명왕성은 왜 행성에서 퇴출되었을까?

태양계 9번째 행성의 탈락!

명왕성의 지름은 지구의 약 18%이며 질량은 약 0.22%밖에 되지 않는다. 예전에는 태양계의 9번째 행성으로 당당히 인정받았다. 그러나 1990년대 강력한 성능의 천체망원경이 개발되면서, 명왕성 주변에서 그에 못지않은 많은 천체들이 발견되었다. 이에 따라 2006년 국제천문연맹 총회에서 행성의 조건을 새롭게 내세웠다. 그 결과 명왕성은 행성에서 퇴출되어 왜소행성이 되고 말았다. 현재는 해왕성 궤도 바깥에 있는 천체이며, 태양계 가장자리에 있는 천체 중 하나로 분류된다. 지구와 너무 멀리 떨어져서 아직 비밀에 싸여 있지만 얇은 층의 대기가 있고, 대기의 농도가 변화하고 있다는 사실은 밝혀졌다.

다른 행성의 궤도와 전혀 다른 명왕성
명왕성의 궤도는 다른 행성에 비해 크게 기울어져 있으며 커다란 타원형이라는 점도 다르다.

지금 알게 된 사실!
새로운 행성의 조건 때문에
'왜소행성으로 분류되었다!'

제2장 · 우주의 신비 - 태양계 편

우주의 신비 No. 052

태양계 바깥쪽에는 무엇이 있을까?

해왕성 바깥쪽에 있는 천체 집단!

해왕성보다 더 바깥쪽에는 '해왕성바깥천체'라 불리는 천체들이 있다. 다시 말해 해왕성바깥천체는 해왕성의 궤도 바깥쪽에 있는 천체를 통틀어 부르는 말이다. 1992년에 확인된 원반 모양으로 펼쳐진 천체 무리인 '에지워스 카이퍼 벨트'나 더 멀리 있다고 추측되는 '오르트 구름'이 이에 속한다. 에지워스 카이퍼 벨트나 오르트 구름은 혜성이 주로 존재하는 구역으로 알려졌다. 특히 에지워스 카이퍼 벨트에서는 크기가 명왕성 정도 되는 천체도 몇 개 발견되었다.

●잘 알려진 해왕성바깥천체

이름	타입	이름	타입
명왕성	왜소행성	테하론히아와코	소행성
에리스	왜소행성	콰오아	소행성(왜소행성 후보)
마케마케	왜소행성	바루나	소행성(왜소행성 후보)
하우메아	왜소행성	데우칼리온	소행성
카론	명왕성의 위성	로고스	소행성
오르쿠스	소행성(왜소행성 후보)	조에	로고스의 위성
익시온	소행성(왜소행성 후보)	티폰	소행성
후야	소행성	케토	소행성
세드나	소행성	보라시시	소행성

지금 알게 된 사실!
해왕성바깥천체로 불리는
'천체들이 있다!'

우주의 신비 No. 053

혜성의 꼬리는 어떻게 생겨났을까?

태양과 반대 방향으로 뻗는 꼬리!

태양계 주위를 도는 천체들 중 행성과 왜소행성을 제외한 것을 '소천체'라고 하는데, 대표적으로 혜성과 소행성이 있다. 기다란 타원 궤도를 그리며 태양을 공전하는 혜성은 얼음과 먼지 등이 뒤엉켜 만들어진 핵을 가지고 있다. 태양에 가까워지면 얼음과 먼지 등이 태양열로 녹기 시작하고, 이때 방출된 가스와 먼지들이 태양의 복사압과 태양풍의 영향을 받아 태양과 반대 방향으로 밀려나면서 혜성의 꼬리를 만들게 된다. 그래서 혜성이 지나는 궤도에는 보통 혜성으로부터 유출된 많은 물질이 남게 된다.

코후테크 혜성

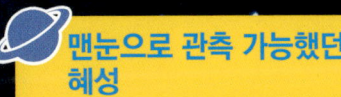
맨눈으로 관측 가능했던 혜성
1973년에 발견된 코후테크 혜성. 다음 해에는 지구와 가까워져 맨눈으로도 관측할 수 있었다.

ⓒNASA

제2장 · 우주의 신비 - 태양계 편

지금 알게 된 사실!
태양풍의 영향을 받은 가스와 먼지들이
'혜성의 꼬리를 만든다!'

97

우주의 신비 No. **054**

혜성은 다른 천체와 충돌하지 않을까?

충돌하는 모습 관측!

혜성에는 주기적으로 태양 주위를 도는 '주기혜성'과 한번 태양과 가까워진 후에는 어딘가로 사라져 버리는 '비주기혜성'이 있다. 혜성은 다른 천체의 중력에 영향을 잘 받기 때문에 목성처럼 중력이 큰 천체 옆을 지나갈 때면 끌어당겨져 붙잡히기도 한다. 실제로 1994년 7월에는 '슈메이커-레비 9'라는 혜성이 목성에 근접했다가 여러 조각으로 쪼개지면서 충돌하는 모습이 생생하게 관측되었다.
특히 충돌 흔적이나 폭발 후에 생긴 먼지가 모인 버섯 구름 등이 발견되었다.

혜성이 천체와 충돌하는 일은 종종 일어난다고 한다.

제2장 • 우주의 신비 - 태양계 편

 **실제로 충돌이 관측된 혜성**
'슈메이커-레비 9' 혜성이 목성 남반구에 부딪쳤다. 거무스름한 충돌 흔적이 관측되었다.

혜성의 충돌 흔적

ⒸHubble Space Telescope Comet Team and NASA

지금 알게 된 사실!
다른 천체의 중력에 영향을 받아
'충돌하는 일이 종종 있다!'

태양계의 가장 끝은 어떤 곳일까?

태양계의 가장 끝, 헬리오포즈!

태양이 내뿜는 태양풍은 머지않아 태양계 끝에 도달한다. 그러면 그 태양풍은 우주 공간에 있는 물질이나 은하계에서 온 자기장의 압력으로 되돌아오는 힘이 작용한다. 이 때문에 속도가 초음속(소리보다 더 빠른 속도)에서 아음속(소리보다 약간 느린 속도)까지 줄어든다. 속도가 줄어드는 이 부분이 바로 '말단충격파면'이며, 이곳을 빠져나가 더 멀리까지 날아가면 태양풍은 성간물질(별과 별 사이의 우주 공간에 떠 있는 물질)에 완전히 흡수된다. 태양풍의 영향이 거의 사라진 이 경계선을 '헬리오포즈'라 부르며, 태양계의 가장자리로 추측하고 있다.

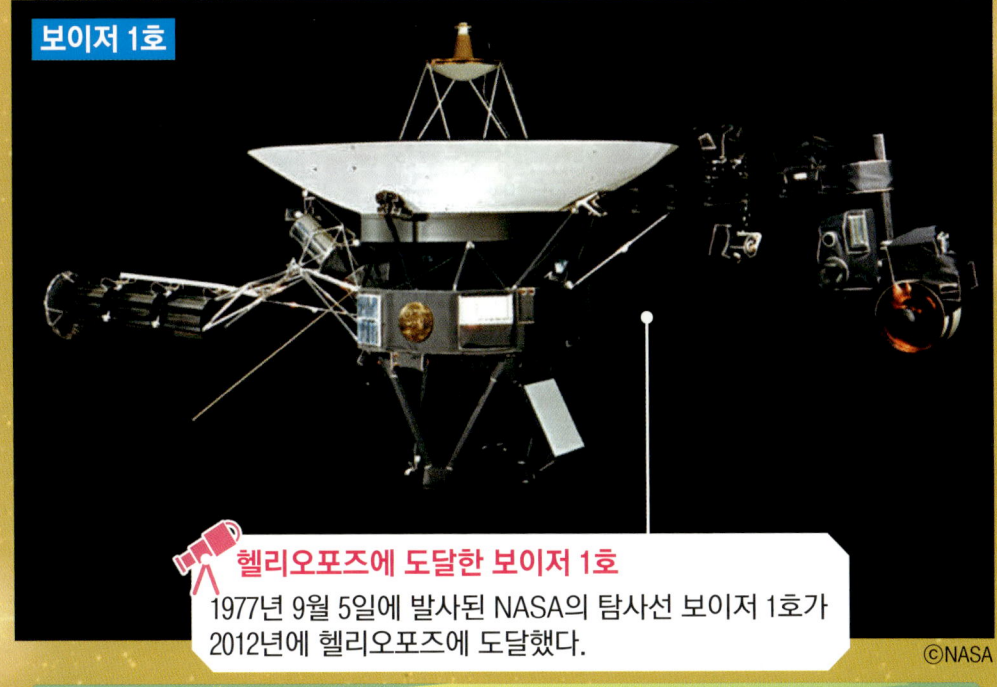

보이저 1호

헬리오포즈에 도달한 보이저 1호
1977년 9월 5일에 발사된 NASA의 탐사선 보이저 1호가 2012년에 헬리오포즈에 도달했다.

©NASA

제2장 · 우주의 신비 - 태양계 편

지금 알게 된 사실!
태양계의 가장 끝인 헬리오포즈는
'태양풍의 영향이 사라진 곳이다!'

제2장 | 우주의 신비

알쏭달쏭 궁금한 우주개발의 모든 것을 파헤친다!

우주개발 편

인공위성은 무슨 목적으로 쏘아 올리는 걸까?
또 어떻게 지상에 떨어지지 않고 우주로 날아갈 수 있는 걸까?
우주개발에 관한 정보를 많이 접하기는 해도
아직까지 알고 싶은 것이 많다.
지금부터 우주개발에 모든 것을 낱낱이 파헤쳐 보자.

우주의 신비 No. 056

우주기구에서는 무슨 일을 할까?

다양한 실험을 하는 우주기구!

'우주기구'는 각 국가의 우주개발과 연구 등을 담당하는 기구를 말한다. 인공위성이나 행성 탐사선 등을 쏘아 올리거나 사람을 우주 공간으로 보내 다양한 실험을 하기도 한다. 현재 각 나라에는 여러 우주기구가 있는데, 그중에서도 미국항공우주국이나 러시아연방우주국 등이 유명하다. 과학기술 분야의 국제협력사업 가운데 가장 큰 사업은 국제우주정거장 건설이다. 이 사업은 미국이 주축을 이루고 있으며 유럽, 러시아, 일본, 캐나다 등 16개국이 참여하고 있다.

국제우주정거장

🚀 **각 나라의 우주기구가 운영에 참가**
국제우주정거장 건설 사업은 과학기술 분야의 국제협력사업 가운데 가장 큰 사업이다.

ⓒNASA(Crew of STS-106)

지금 알게 된 사실!
우주 공간을 개발하기 위해 다양한
'우주 사업을 실시한다!'

주요 우주기구의 활동!

미국항공우주국은 처음으로 유인기(사람이 탑승할 수 있는 우주선)를 달 표면에 착륙시킨 우주기구이다. 현재는 무인 탐사선을 이용한 행성이나 해왕성바깥천체 조사 외에도 우주망원경 등을 사용한 우주탐사에 힘을 쏟고 있다. 러시아연방우주국은 국제우주정거장 설치에 크게 공헌했다. 또한 미국항공우주국의 우주왕복선이 활동을 중단하면서 러시아의 소유즈 우주선이 우주인 수송을 전부 도맡아 하고 있다.

🚀 우주개발을 선도하는 두 기관
가가린을 우주로 보낸 소련과 아폴로 계획을 성공시킨 미국 우주기구 덕분에 우주개발 기술이 지속적으로 발전했다.

소련 우주개발 전시물

ⒸNASA

무인 수송기 1호! 물자를 운반하는

아폴로 11호

ⒸNASA

코우노토리

ⒸNASA

🚀 일본이 개발한 무인 수송기
우주정거장으로 물자를 운반하는 무인 수송기 1호. 처음으로 로봇팔로 도킹(우주 공간에서 접근해 결합하는 일)에 성공하였다.

● 대표적인 우주기구

명칭	약칭	명칭	약칭
미국항공우주국	NASA	일본우주항공연구개발기구	JAXA
한국항공우주연구원	KARI	유럽우주기구	ESA
이란우주국	ISA	중국국가항천국	CNSA
인도우주연구기구	ISRO	프랑스국립우주연구센터	CNES
우크라이나국가우주청	SSAU	러시아연방우주국	RFSA

우주의 신비 No. 057
우주인이 우주에 갈 수 있는 방법은?

연구 성과 95%

유인 우주선 개발에 성공한 세 나라!

우주인들이 우주에 가기 위해서는 안전하게 탈 수 있는 우주선이 필요하다. 지금까지 유인 우주선 개발에 성공한 나라는 미국, 러시아, 중국 등 세 나라에 불과하다. 그러나 2011년 7월 아틀란티스호의 33번째 우주 비행을 마지막으로 30년 동안 진행되어 온 미국의 우주왕복선 프로그램이 막을 내렸다. 따라서 현재는 우주인이 우주에 가려면 러시아의 '소유즈'를 탈 수밖에 없다. 그동안 미국항공우주국은 우주인 1명을 국제우주정거장에 보내는 데 약 8,000만 달러(약 936억 원)를 지불하고 러시아 소유즈 우주선을 이용했다.

제2장 · 우주의 신비 - 우주개발편

소유즈

지금 우주로 갈 수 있는 유일한 우주선
소유즈는 과거 30년 동안 한 번도 사망 사고를 일으키지 않았다. 신뢰와 실적이 빛나는 모범 우주선이다.

ⓒThegreenj

지금 알게 된 사실!
우주인이 우주에 가기 위해서는
'러시아의 소유즈를 타야 한다!'

합리적인 캡슐형 우주선!

우주선의 종류에는 사용하고 버리는 캡슐형과 다시 이용할 수 있는 우주왕복선이 있다. 우주왕복선은 지구로 다시 되돌아오고 다시 발사시킬 수 있어 기체 비용을 많이 절약할 수 있다. 하지만 구조가 복잡하고 부품도 많이 필요하기 때문에 보수 점검이 매우 힘들다. 쏘아 올리는 데에도 막대한 비용이 들고 안전성 확보에도 어려움을 겪어 결국 사용하지 않게 되었다. 대표적인 캡슐형 우주선이 바로 소유즈이다. 2~3명밖에 탈 수 없지만 추가로 개량하기 쉬운 구조 때문에 안전성이 좋다. 미국이 개발 중인 우주선도 이와 같은 캡슐형이다.

거대한 우주왕복선과 아담한 소유즈!

항공기처럼 활공하여 귀환
우주왕복선은 로켓처럼 쏘아 올려진 뒤, 항공기처럼 활공하여 돌아온다.

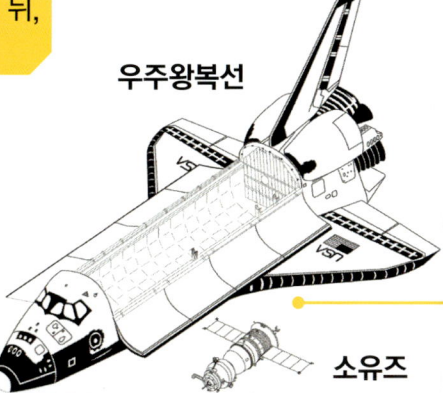
우주왕복선 / 소유즈 ©NASA

©NASA

디스커버리 ©NASA

우주왕복선과 소유즈 비교
넓은 공간을 가진 왕복선에 비해 크기가 작은 소유즈는 우주 실험실이 기체에 들어가지 않는다.

우주 과학 칼럼 — 차세대 재사용형 우주선의 연구가 시작되고 있다!

현재의 우주선은 캡슐형이 주를 이루지만, 한편으로는 재사용 가능한 우주선 연구도 진행되고 있다. 항공기처럼 이륙한 후에 자력으로 대기권을 이탈하는 우주선은 신형 엔진이나 더 가벼운 단열재 등 신기술이 필요하기 때문에 앞으로도 개발이 필요하다.

미국이 개발할 예정이었던 X-30. ©James Schultz

제2장 · 우주의 신비 - 우주개발 편

우주의 신비 No. 058

최초의 인공위성은 무엇일까?

소련에서 만든 세계 최초의 인공위성!

'인공위성'이란 어떠한 목적을 가지고 지구의 둘레를 돌고 있는 인공적인 물체를 말한다. 유인 우주선이나 우주정거장도 인공위성에 포함되는데, 보통 기상위성이나 통신위성처럼 사람이 없는 무인기를 가리킨다. 최초의 인공위성은 1957년 10월 소련이 쏘아 올린 스푸트니크 1호이다. 지름이 58cm인 공 모양에, 4개의 안테나가 달린 간단한 구조를 하고 있었다. 미국은 이 인공위성의 성공에 큰 충격을 받았고, 그 후로 서로 경쟁하듯 우주개발 기술을 향상시켰다.

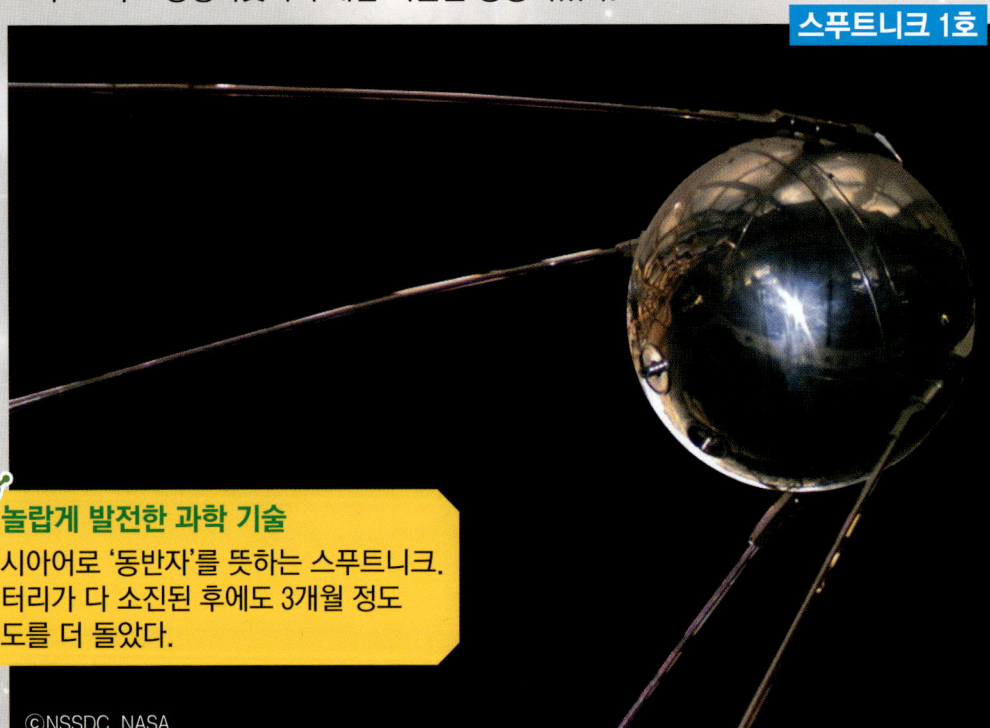

스푸트니크 1호

놀랍게 발전한 과학 기술
러시아어로 '동반자'를 뜻하는 스푸트니크. 배터리가 다 소진된 후에도 3개월 정도 궤도를 더 돌았다.

ⓒNSSDC, NASA

제 2 장 · 우주의 신비 - 우주개발 편

지금 알게 된 사실!
최초의 인공위성은 소련에서 만든
'스푸트니크 1호이다!'

실생활에도 도움이 되는 인공위성!

지금까지 우주에 쏘아 올린 인공위성은 7000개 이상이다. 이 중 군사위성이 가장 많은데, 탄도 미사일을 경계하는 '조기경보위성'이나 핵 실험을 탐지하는 '감시위성' 등이 있다. 그 밖에도 비행기나 배 등에 위치를 알려 주는 '항행위성', 대기나 바다 등의 상태를 관측하는 '지구관측위성', 실험 생물을 태운 '생물위성' 등도 있다. 우리가 텔레비전으로 손쉽게 즐기는 위성방송은 '통신위성'을 이용한 서비스이다. 우리나라 최초의 인공위성은 1992년 8월 11일에 발사한 '우리별 1호'이다.

우주에서 활동하는 다양한 인공위성!

GPS위성

🚀 **자동차 내비게이션이나 휴대용 GPS로 사용**
여러 위성에서 전파를 수신한 뒤, 얼마나 떨어져 있는지 거리를 측정해 위치를 파악하는 GPS로 사용한다.

군사위성

🚀 **군사 목적으로 사용되는 다양한 인공위성**
군사 목적으로 사용되고 있는 인공위성이다. 정찰, 통신, 조기경보 등의 인공위성이 개발되어 실용화되고 있다.

기상위성

🚀 **기상위성의 도움을 받는 일기 예보**
기상 관측만을 주목적으로 설계하여 발사된 인공위성을 말한다.

통신위성

ⓒNASA

🚀 **세계를 이어 주는 역할을 하는 위성**
각종 통신에 사용된다. 우주선이나 다른 위성의 통신을 중계하는 것도 있다.

인공위성이 아래로 떨어지지 않는 이유는?

떨어지지 않는 인공위성의 비밀!

공중에 있는 물체는 중력 때문에 아래로 떨어진다. 인공위성도 지구의 인력 때문에 아래로 떨어진다. 하지만 로켓을 이용해서 초속 7.9km의 속력으로 나아갈 수 있는 인공위성은 떨어지면서 동시에 빠른 속도로 나아가기 때문에 지구에 부딪치지 않고 계속 지구 주위를 돌게 되는 것이다. 속도가 빨라지면 지구에서 더 멀리 나갈 수 있고, 낮은 고도에서는 인공위성이 공기저항을 받아 속도가 줄어들어 고도가 낮아져 지구 대기권으로 들어와 타 버리기도 한다.

떨어지지 않기 위해 설정된 속도
궤도 유지에 필요한 최소의 속도인 초속 7.9km를 '제1우주속도'라고 한다.

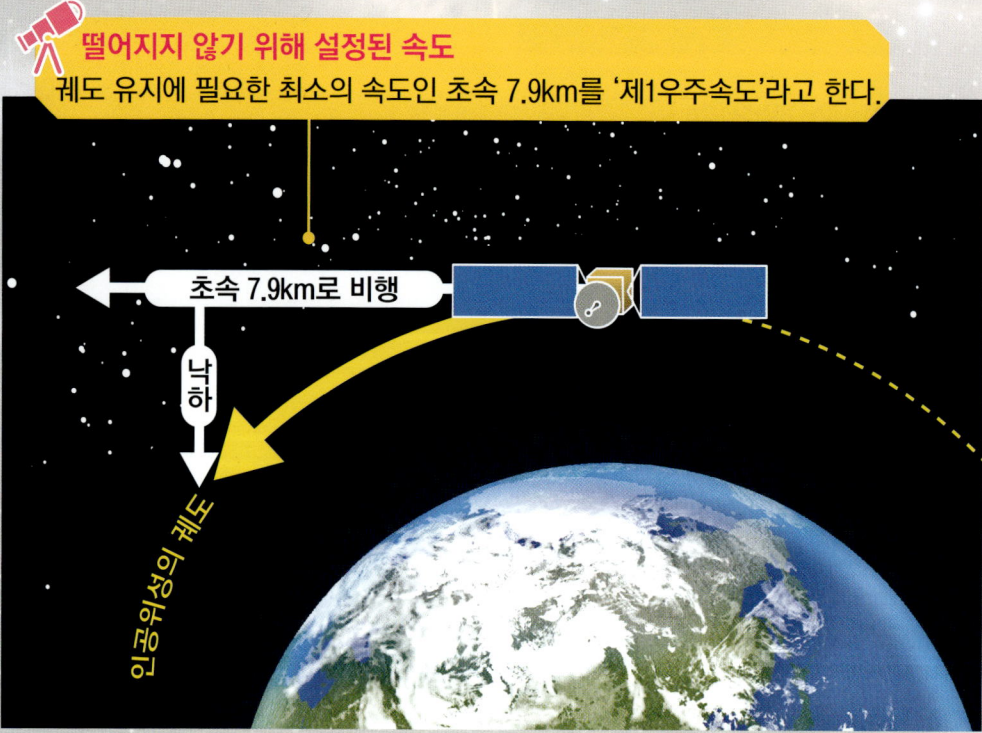

지금 알게 된 사실!
'제1우주속도인'
초속 7.9km로 돌기 때문이다!

우주의 신비 No. 060

최초로 우주에 간 동물은 누구일까?

우주에 보내진 동물들!

1959년 미국은 붉은털원숭이 '에이블'과 다람쥐원숭이 '베이커'를 480km 상공까지 올려 무중력상태를 경험하게 한 뒤 무사히 귀환시켰다. 하지만 지구 궤도를 도는 진정한 우주여행에 성공한 것은 아니었다. 1957년 11월 3일 소련의 인공위성 스푸트니크 2호를 타고 처음으로 궤도 비행을 떠났던 개, 라이카가 최초라고 할 수 있다. 안타깝게도 우주에 간 동물 중에는 실험의 실패로 희생이 된 동물도 있다. 사람이 우주에 갈 수 있었던 것도 동물들의 희생 덕분이라고 할 수 있다.

우주에서 돌아온 침팬지 '햄'

우주로 나간 침팬지
1961년 1월 31일, 15개월 간의 훈련을 마친 미국의 침팬지 '햄'이 탄도로켓에 실려 우주로 발사됐다.

ⓒNASA

지금 알게 된 사실!
최초로 지구 궤도 비행에 성공한 동물은
'우주견, 라이카이다!'

제 2 장 · 우주의 신비 - 우주개발편

109

우주의 신비 No. 061

우주정거장이란 무엇일까?

연구 성과 100%

최초의 우주정거장은 살루트 1호!

우주정거장은 지구 궤도에 설치되어 우주인들이 장기간 머물 수 있도록 설계한 기지이다. 관측이나 실험이 가능하고 연료 공급도 받을 수 있다. 우주탐사와 지속적인 우주개발을 위해 만들어졌다. 최초의 우주정거장은 1971년에 소련이 쏘아 올린 '살루트 1호'이다. 미국도 1973년에 '스카이랩'을 쏘아 올렸지만 사용 기간은 1년 정도였다. 7호까지 만들어진 살루트가 1985년까지 활동했던 것에 비하면 상당히 짧다. 소련에서는 살루트의 뒤를 잇는 우주정거장 '미르'가 1986년 2월에 발사되었다.

제2장 · 우주의 신비 - 우주개발 편

국제우주정거장 내부 모습

우주에 설치된 거주 공간
우주정거장은 사람이 우주 공간에서 살 수 있는 유일한 장소이다.

지금 알게 된 사실!
'우주인들이 생활하며'
우주개발의 임무를 수행하는 곳이다!

우주정거장은 우주에서 조립!

우주에 화물을 보낼 수 있는 수단은 우주선밖에 없는데, 실을 수 있는 물건의 양에는 한계가 있다. 그래서 '미르'나 '국제우주정거장'은 각 모듈(전체 구조물의 한 부분)을 여러 번에 나눠 쏘아 올리고, 그 후에 우주에서 다시 조립해 완성하는 방법을 사용하고 있다. 국제우주정거장에서는 처음에는 기본 기능이 되는 모듈인 '자랴'를 쏘아 올리고 그 후 생명 유지 시스템, 통신 데이터 공급에 필요한 모듈인 '유니티' 그리고 주거 모듈인 '즈베즈다'를 연결하였다.

우주인의 선외활동
우주정거장에서는 선외활동이 필요할 때도 있다. 이때는 우주인의 기술이 매우 중요하다.

선외활동

©NASA

스카이랩

©NASA

미국의 우주정거장, 스카이랩
첫 번째 체류 기간은 28일, 세 번째는 84일 체류하며 천체 관측 등 다양한 실험을 실시하였다.

조립식이 대세
미르는 7개, 국제우주정거장은 각기 다른 나라가 개발한 40개 이상의 모듈로 이루어졌다.

다양한 종류의 우주정거장!

미르

©NASA/Crew of STS-91

©NASA
국제우주정거장

우주의 신비 No. 062

우주망원경은 어떤 일을 할까?

멀리 떨어진 은하도 완벽하게 관측!

망원경의 발명은 천문학의 발전에 큰 도움을 주었다. 그러나 땅 위에서 관측할 때는 상공의 대기 상태나 날씨의 영향을 받아 상이 흔들리는 등의 결점이 있다. 하지만 우주에서는 대기가 없어 선명한 모습을 관측할 수 있다. 그래서 대기권 밖에서 망원경을 설치하기 위해 제작된 것이 인공위성인 우주망원경이다. 망원경을 탑재한 우주망원경이 등장하면서 대기에 잘 흡수되어 관측하기 어려웠던 전자기파 관측이 훨씬 쉬워졌다. 또한 여러 망원경이 측정한 관측 자료를 서로 합쳐 훨씬 더 정확한 결과를 가져올 수 있게 되었다.

올챙이 은하

멀리 떨어진 은하를 관측
우주망원경 덕분에 수억 광년 떨어진 은하의 모습도 완벽하게 관측할 수 있게 되었다.

생쥐 은하

ⓒNASA, H. Ford(JHU), G.Illingworth(USCS/LO), M. Clampin(STScI), G. Hartig(STScI), the ACS Science Team, and ESA. and ESA.

ⓒNASA, H. Ford(JHU), G. Illingworth(USCS/LO), M. Clampin(STScI), G. Hartig(STScI), the ACS Science Team, and ESA. and ESA.

지금 알게 된 사실!
우주망원경은 수억 광년 떨어진
'은하의 모습도 관측할 수 있다!'

제 2 장 · 우주의 신비 - 우주개발 편

각국이 쏘아 올린 우주망원경!

우주망원경 중에서는 1990년에 설치된 허블우주망원경이 유명하다. 우주의 수많은 모습 중에는 허블우주망원경이 관측한 것이 많다. 초점이 정확히 맞지 않아 상이 흐릿하게 보이는 등 몇 번의 고장도 발생했지만, 당시에 활동하던 우주왕복선을 파견하여 부품을 교체·수리하여 기능을 더 보강했다. 2003년 미국항공우주국에서 쏘아 올린 스피처우주망원경, 2009년 유럽우주기구에서 쏘아 올린 허쉘우주망원경 등이 큰 활약을 펼치고 있다.

스자쿠

허블우주망원경

ⓒNASA

🚀 **고성능 카메라 탑재**
탐사용 고성능 카메라가 탑재되어 있어 머나먼 은하의 모습도 선명하게 촬영할 수 있다.

🚀 **일본의 우주망원경**
일본의 X선 천문위성(X선을 관측하기 위한 망원경)으로 퀘이사 등을 관측한다.

XMM-뉴턴의 모형

🚀 **허블우주망원경의 뒤를 이을 망원경으로 주목**
적외선 관측용 우주망원경으로 2021년에 발사될 예정이다.

🚀 **망원경을 탑재한 위성**
유럽우주기구의 X선 관측위성. 여러 망원경을 탑재했다. 100억 광년 떨어진 은하를 발견했다.

제임스 웹 우주망원경

우주의 비밀을 파헤치는 우수한 망원경!

우주의 신비 No. 063

우주탐사선은 어떤 일을 할까?

연구 성과 95%

천체에 접근하여 탐사!

우주탐사선은 탐사 장비를 탑재하고 우주 공간을 비행하면서 지구나 다른 천체들을 탐사하는 일을 한다. 조사 대상인 천체에 접근하여 사진 촬영을 하거나 대기의 성분을 조사하여 더 자세한 정보를 밝혀내는 것이 목적이다. 1959년 소련에서 탐사선 '루나 1호'를 쏘아 올린 후, 미국과 소련을 중심으로 수많은 탐사선을 쏘아 올려 달이나 화성의 지표면을 조사했다. '큐리오시티'나 '보이저 1호' 등이 대표적이다.

화성의 지표면에서 조사 중
큐리오시티는 다양한 탐사 장비를 탑재했다. 화성의 대기나 토양 등을 조사하고 있다.

큐리오시티

ⓒNASA

제2장 · 우주의 신비 - 우주개발 편

지금 알게 된 사실!
우주 공간을 비행하며 지구나
'다른 천체를 탐사한다!'

다양한 천체로 보내지는 탐사선!

초기의 탐사선으로는 달의 표면을 탐사했던 소련의 '루나 시리즈'가 있다. 그중에서도 1970년에 쏘아 올린 '루나 16호'는 무인 탐사선으로는 처음으로 달의 샘플을 갖고 돌아왔다. 소련은 그 뒤로도 '베네라 시리즈', '베가 1~2호' 등 다양한 탐사선을 우주로 쏘아 올렸다. 미국의 탐사선 중에는 수성이나 금성, 화성을 탐사하는 '마리너 시리즈'를 비롯하여 주로 태양 탐사를 했던 '파이오니아 시리즈', 목성에서 해왕성까지의 행성을 탐사한 '보이저 1, 2호' 등이 유명하다.

보이저 1호

달의 샘플을 가지고 온 루나 16호
루나 16호는 달에 착륙해 달 표면에 35cm의 구멍을 파고 흙과 물을 채취해 가지고 오는 데 성공했다.

루나 16호

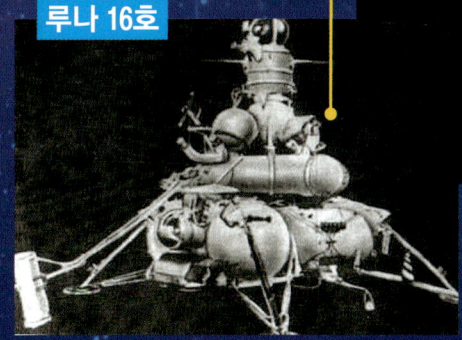

유일하게 천왕성과 해왕성을 탐사
천왕성에 관한 새로운 정보를 알아낸 것 외에도 해왕성을 포함하여 새로운 위성도 다수 발견하였다.

하야부사

바이킹 2호(오비터, 랜더)

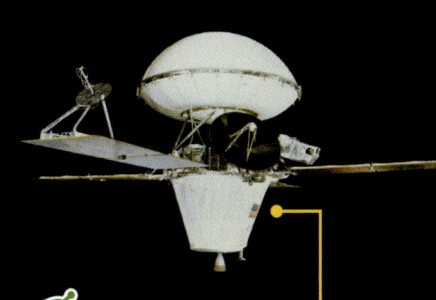

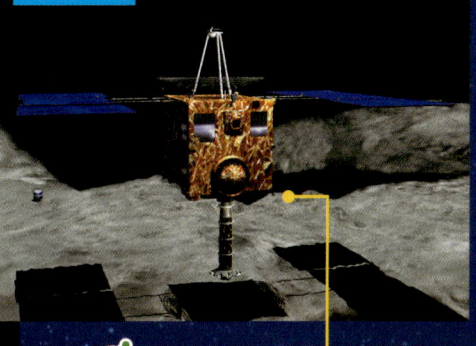

오비터와 랜더로 구성
바이킹 탐사선은 오비터(궤도선)와 랜더(착륙선)로 구성되어 있다.

소행성 표면의 토양을 채취
일본의 탐사선. 세계에서 처음으로 소행성 표면의 토양을 가지고 오면서 단숨에 유명해졌다.

제 2 장 · 우주의 신비 - 우주개발편

우주의 신비 No. 064
우주에 태양광 발전소를 세운다고?

태양전지 패널을 탑재!

지구 궤도에 태양광으로 발전소를 설치한다는 아이디어는 1968년부터 이미 제기되어 왔다. 태양전지 패널을 탑재한 인공위성을 발사하여, 거기서 태양광을 이용하여 발생시킨 전기에너지를 마이크로파(파장의 범위가 1mm~1m인 전파)로 변환하여 지상으로 송신한다. 그리고 지상의 시설에서 수신한 마이크로파를 다시 전기로 변환시키는 구조이다. 이 시스템은 미국이나 유럽 각국에서 연구가 진행되었지만 재정이나 정책 방침 등의 문제로 잠시 중단됐다가 최근에 재개되었다. 우리나라를 비롯해 세계 주요 국가에서 연구가 계속되고 있다.

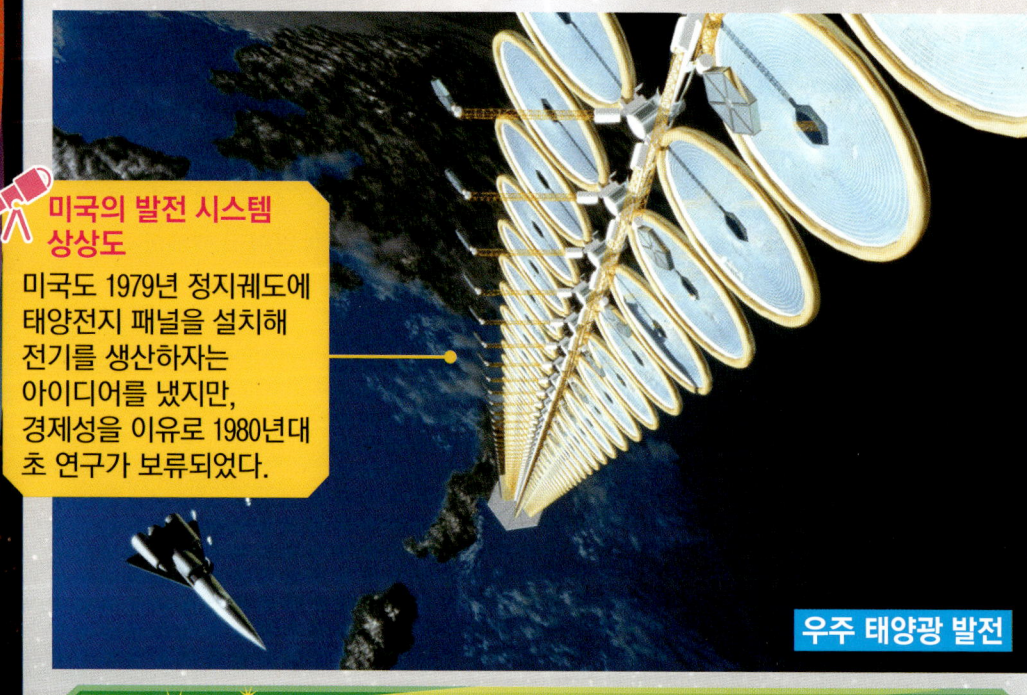

미국의 발전 시스템 상상도
미국도 1979년 정지궤도에 태양전지 패널을 설치해 전기를 생산하자는 아이디어를 냈지만, 경제성을 이유로 1980년대 초 연구가 보류되었다.

우주 태양광 발전

지금 알게 된 사실!
'우주의 태양광 발전소 설치는'
세계 각국의 중요한 연구 과제이다!

우주의 신비 No. 065

우주에서 장례식을 치를 수 있다고?

우주 공간에서의 장례식!

최근 화장한 유골을 우주 공간으로 쏘아 올리는 이른바 '우주장'이 주목받고 있다. 화장한 유골이 담긴 캡슐을 로켓에 실어 달이나 지구 저궤도로 쏘아 올리는 것이다. 이렇게 날아간 유골은 우주를 여행한 뒤 대기권으로 재진입하면서 완전히 연소해 사라진다. 미국에서는 셀레스티스라는 회사가 1997년부터 이미 이 방법을 시작했다. 그러나 로켓에는 중량 제한이 있기 때문에 현재는 유골 7g만 우주로 보낼 수 있다. 일본의 한 장례 회사에서도 2014년부터 셀레스티스와 제휴하여 실제로 우주장을 치르고 있다고 한다.

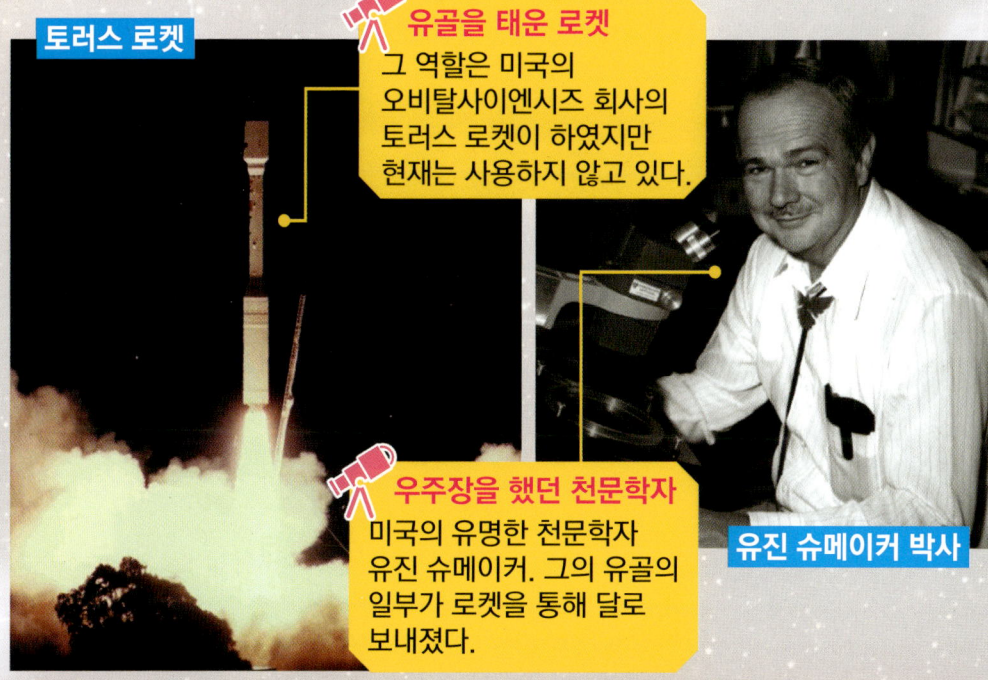

토러스 로켓

유골을 태운 로켓
그 역할은 미국의 오비탈사이엔시즈 회사의 토러스 로켓이 하였지만 현재는 사용하지 않고 있다.

우주장을 했던 천문학자
미국의 유명한 천문학자 유진 슈메이커. 그의 유골의 일부가 로켓을 통해 달로 보내졌다.

유진 슈메이커 박사

지금 알게 된 사실!
유골을 우주에 쏘아 올리는
'우주장이라는 장례법이 있다!'

우주의 신비 No. 066

우주복에는 어떤 기능이 있을까?

연구 성과 100%

제2장 · 우주의 신비 - 우주개발 편

사람의 생명을 지켜 주는 우주복!

우주인들에게는 우주 공간에서 작업을 하는 선외활동이 필수이다. 그러기 위해서는 반드시 우주복이 필요하다. 우주에는 공기가 없기 때문에 먼저 산소가 필요하다. 게다가 기압도 없기 때문에 '감압증(외부 기압이 갑자기 감소하면 나타나는 증상)'을 막기 위해 압력도 확보해야 한다. 선내에 있는 동료와 이야기를 하기 위해서는 통신기기도 필요하고, 우주 공간에 쏟아지는 해로운 방사선도 막아야 한다. 또한 온도 관리도 중요하며, 무엇보다 재질이 튼튼하지 않으면 쓸모가 없다. 우주복은 이렇게 우주인들의 생명을 지켜 주는 다기능 의복이라고 할 수 있다.

선외활동

선외활동 위해 반드시 필요한 우주복
국제우주정거장의 조립이나 수리 등 선외활동이 많은 우주인들에게는 우주복이 필수이다.

©NASA

지금 알게 된 사실!
'우주인의 안전을 위해'
다양한 기능을 갖추고 있다!

신기한 우주복의 구조!

EMU라 불리는 미국의 우주복은 14층의 자재로 이루어졌다. 1~3층은 체온을 낮추기 위한 냉각 속옷, 4~5층은 기밀(공기가 나가지 않도록 밀폐하는 것)을 유지하기 위한 층, 나머지 6~14층이 열이나 우주쓰레기를 막아 주는 층이다. 등에는 생명 유지 장치가 달려 있고 산소 탱크나 오염 물질을 제거하는 카트리지, 무선기기, 상태를 감시하는 컴퓨터 등이 담겨 있다. 이 장치들은 가슴에 있는 제어판에서 작동시킬 수 있는데, 직접 볼 수는 없다. 손목에 달린 거울을 비추면서 조작하기 때문에 제어판 글자는 거울에 비추어 볼 수 있도록 반대로 되어 있다.

강한 빛을 막는 헬멧
강한 빛을 막아 주며, 시선을 공유하기 위한 카메라 등이 달려 있다.

이상 발생 경고 장치
우주복의 상태는 우주선 안으로도 송신되어 이상이 발생했을 때는 경보가 울린다.

생명을 지켜 주는 다기능 우주복!

움직임을 돕는 금속 고리
가슴이나 다리에 달린 금속 고리로, 압력으로 부풀어 오르는 우주복을 억눌러 움직이기 쉽게 한다.

장시간 배터리 탑재
우주복에 전력을 공급하는 배터리. 충전식으로 6~8시간 선외활동을 하기에는 충분하다.

제2장 · 우주의 신비 - 우주개발편

우주의 신비 No. 067

우주 기술이 과연 실생활에 도움이 될까?

우주 관련 수많은 신기술 등장!

인공위성이나 우주선, 우주복 등 우주개발에 필요한 것들이 줄줄이 개발되었고, 그와 함께 연구가 계속 진행되면서 수많은 신기술도 등장하게 되었다. 이러한 우주 기술은 우리의 생활과는 전혀 관련이 없을 거라고 생각하기 쉽지만, 사실 우리가 평소 사용하는 물건에도 많이 이용되고 있다. 우주 기술은 우주기구와 제휴하는 연구 기관이나 기업에서 개발하는 경우가 있기 때문이다. 또한 우주기구가 계약을 맺고 기업에 기술을 제공하기도 한다.

제 2 장 · 우주의 신비 - 우주개발 편

선내 작업 모습

기술이 생기는 이유
우주 기술 중에는 우주인이 우주에서 쾌적하게 보내기 위해 생겨난 것도 있다.

ⓒNASA

지금 알게 된 사실!

'우주 기술은'
실생활을 편리하게 도와준다!

우리 주변에서 활용되는 우주 기술!

우주 기술이 활용되는 것 중 하나가 에어컨 등의 리모컨이다. 리모컨은 우주왕복선의 통신 시스템으로 개발된 와이어리스(무선통신) 시스템을 응용한 것이다. 우주선 안에서 우주인이 견뎌야 하는 G-force(중력가속도)를 완화하기 위하여 개발된 것은 숙면 베개 등에 사용되는 메모리폼의 소재로 쓰인다. 또 인공 탐사선이 충격 없이 착륙하기 위해 개발된 것은 자동차 에어백으로 활용되고 있다. 그 밖에도 음료를 확보하기 위한 정수 장치나 지구 관측위성 기술을 이용한 감시 카메라 등이 있다.

에어백

운전자를 지켜 주는 에어백
운전자를 사고에서 지켜 주는 에어백도 우주 기술이 사용되었다.

우주 기술을 활용한 대표적인 예
와이어리스 마우스처럼 전선 코드가 없는 제품은 대부분 우주 기술을 응용한 것이다.

와이어리스 마우스

팬터그래프

앞으로의 활약에도 관심이 집중
전철의 팬터그래프에도 우주 기술을 사용할 수 있다. 다양한 곳에서 우주 기술을 활용할 수 있을 것이다.

● 실생활에 활용된 우주 기술의 예

제품	활용된 기술
MRI(자기공명 영상장치)	디지털 영상 처리 기술
정수기	이온 여과 장치 기술
에어쿠션 운동화	신발에 공기를 넣는 기술
선글라스	우주복 헬멧의 자외선 차단 기술
문 없는 냉장 진열대(마트, 편의점)	우주선 냉난방 조절 기술
적외선 귀 체온계	별이나 행성의 온도 측정하는 기술

우주의 신비 No. 068

연구 성과 100%

우주에서는 어떤 음식을 먹을까?

과일이나 라면도 우주식으로 가능!

'우주식'은 지구 밖의 우주에서 활동하는 우주인들의 영양 섭취를 위해 특별히 개발된 음식이다. 무중력상태에서 음식물을 섭취하는 일은 상상하는 것보다 훨씬 힘들다. 첫 우주식은 치약 모양의 튜브에 유동식(소화되기 쉽도록 묽게 만든 음식)을 넣어 만들었는데, 포장지를 뜯고 손으로 눌러 음식물을 짜 먹었다. 음식물을 입으로 바로 잘라 먹으면, 우주선 안에 음식물 가루가 둥둥 떠다니기 때문이다. 1960년대에는 뜨거운 물을 넣어 국물을 만들 수 있는 우주식이 등장했다. 1970년대에는 통조림, 말린 과일도 추가되어 나이프나 포크로도 식사가 가능해졌다. 현재 각국의 우주기구에서 우주식이 개발되어 일반 음식이나 라면도 먹을 수 있게 되었다.

우주식을 먹는 모습 ⓒNASA

다양한 종류의 우주식
가방에 들어 있는 다양한 우주식. 비프스테이크나 시금치 크림소스 조림까지 있다.

우주식 ⓒNASA

환경에 맞춘 가공식
음식물이 공중에 둥둥 뜨는 환경이기 때문에, 우주식은 흩어지지 않게 먹을 수 있도록 만들어졌다.

지금 알게 된 사실!
무중력상태인 우주에서는 특별히 개발된
'우주식을 먹는다!'

제2장 · 우주의 신비 - 우주개발편

제3장
우주로 날아가자!

과학의 눈부신 발전으로 우주는
예전보다 훨씬 우리와 가까운 세계가 되었다.
제3장에서는 한창 연구 중인 우주 기술을 포함하여
우주에 가는 다양한 방법을 소개한다.

우주에 가려면 어떻게 해야 할까?

다양한 방법으로 우주에 갈 수 있다고?

인류가 처음으로 우주 비행에 성공한 것은 1961년이다. 그로부터 약 50년 가까운 시간 동안 우주는 선택받은 한정된 사람만이 갈 수 있는 장소였다. 그러나 최근에는 기술이 발전하면서 다양한 방법으로 우주에 갈 수 있게 되었다. 머지않은 미래에 누구나 우주여행을 할 수 있는 날이 오지 않을까?

©NASA

제 3 장 · 우주로 날아가자!

이런 멋진 경치를 누구나 즐길 수 있는 시대가 다가오고 있다.

우주에 갈 수 있는 방법

우주여행
우주선을 이용하여 우주 공간을 여행하는 일을 말한다. 현재는 비용이 많이 들지만 미래에는 가격이 무척 저렴해져서 마음만 먹으면 누구나 갈 수 있을지도 모른다.

많은 민간 회사가 우주 비행 계획을 세우고 있다.

ⓒNASA

우주인
우주인이 되려면 고된 훈련을 감당해야 하지만, 우주에 가는 방법으로는 가장 확실하다.

ⓒNASA/Bill Stafford
우주인이 되면 우주개발에 앞장서서 일할 수 있다.

우주 이민
지금은 한창 연구 중인 분야지만, 미래에는 인류가 생활하는 장소를 우주로 넓힐 가능성도 제기되고 있다.

SF소설이나 만화에서 본 미래가 현실이 될지도 모른다.
ⓒRick Guidice

제 3 장 · 우주로 날아가자!

우주여행을 할 수 있는 날이 과연 올까?

우주여행은 의외로 가까운 곳에!

'우주여행'이라고 하면 어쩐지 먼 미래의 이야기처럼 느껴지지만, 사실 일반인이 우주여행을 할 수 있는 방법은 이미 존재한다. 또한 머지않은 미래에 실현 가능한 우주여행 계획도 다양하게 준비하고 있다. 우주여행을 할 수 있는 방법에 대해 자세히 알아보자!

제3장 · 우주로 날아가자!

ⓒNASA

우주여행을 위한 우주선 개발도 한창 진행 중이다.

우주여행의 이모저모

국제우주정거장으로 떠나는 여행

예상 비용 ▶ 약 2,000만~3,500만 달러(약 234억~409억 원)

러시아 우주선 소유즈 탑승

러시아연방우주국은 2019년 2월 미국의 우주여행사 '스페이스 어드벤처'와 우주관광 계약을 체결하고, 늦어도 2021년까지 한번에 2명을 국제우주정거장으로 여행 보내는 계획을 세우고 있다. 하지만 비용이 약 234억~409억 원이 들기 때문에 누구나 갈 수 있는 여행은 아니다. 우주인과 똑같은 고된 훈련도 필수이다.

ⓒNASA/Victor Zelentsov

진짜 우주인과 같은 우주선을 타고 국제우주정거장에 갈 수 있는 초특급 여행이다.

우주선을 타고 무중력 체험

예상 비용 ▶ 약 25만 달러(약 2억 9,000만 원)

사상 첫 민간 우주여행 시승객 탄생

우주개발기업 버진갤럭틱은 2019년 2월 22일 미국 캘리포니아 모하비사막 우주센터에서 '스페이스십 2'에 조종사 외 승객을 태우고 우주를 왕복 여행하는 데 성공했다. 버진갤럭틱은 승객을 태우고 우주 경계선인 고도 100㎞까지 올라가 몇 분간 무중력상태를 체험하는 준궤도 우주여행 사업을 추진하고 있다.

유인 우주 비행에 성공한 스페이스십 1

스페이스십 1의 뒤를 잇고 있는 스페이스십 2

열기구로 떠나는 성층권 여행

예상 비용 ▶ 약 7만 5,000달러(약 8,700만 원)

목표 지점은 성층권

우주여행사인 월드뷰에서는 거대한 열기구에 캡슐을 달고 하늘로 올라가 우주여행을 하는 프로젝트를 준비 중에 있다. 이 캡슐에는 승무원 2명을 포함해 총 8명이 탑승할 수 있다. 발사 후 고도 30㎞ 상공인 성층권에서 2시간 정도 관광을 즐긴 후 지구로 돌아오게 된다. 우주선에는 욕실과 바도 있다고 알려졌다.

성층권에서 본 지구. 열기구를 타고 아름다운 경치를 즐길 수 있다.

엘리베이터로 떠나는 우주여행

예상 비용 ▶ 미정

초거대 엘리베이터 계획

비행이 아니라 거대한 엘리베이터를 타고 우주를 향해 높이 이동한다는 개념이다. 기술적으로 어려움이 많지만 미국, 일본 등 각국에서 한창 연구가 진행되고 있다. 비용은 우주선보다 훨씬 저렴할 예정이다.

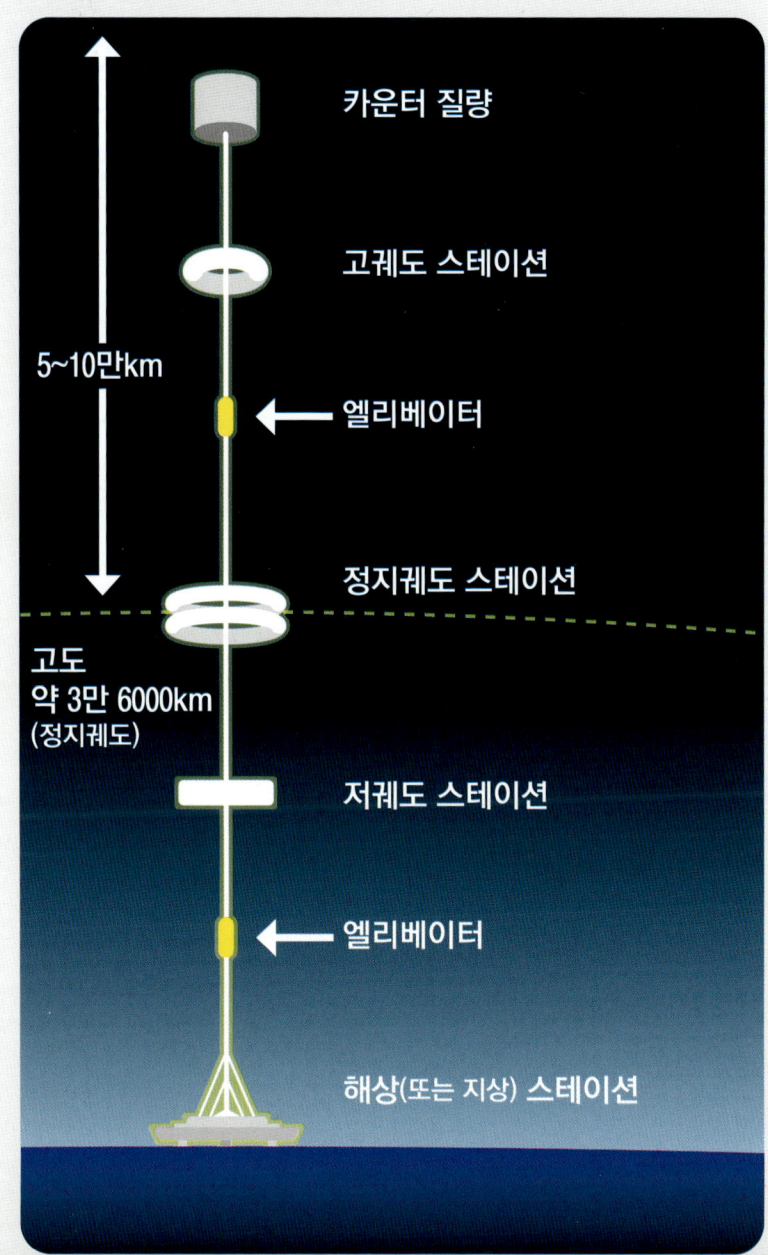

우주인이 되려면 어떻게 해야 할까?

우주인의 역할은?

우주개발·연구를 진행하기 위해서는 실제로 우주에서 작업을 하는 우주인은 빠질 수 없는 존재이다. 최근에는 우주여행을 기획하는 민간 회사도 늘었는데, 여기에서도 우주인은 꼭 필요하다. 국제우주정거장의 활동을 예로 들어 우주인은 어떤 일을 하는지, 우주인이 되려면 어떤 과정을 거쳐야 하는지 소개하겠다.

©NASA/Robert Markowitz

제3장·우주로 날아가자!

국제우주정거장에는 6명의 우주인이 활동한다.

우주인의 대표 업무

① 선외활동

우주인이 우주 공간으로 나가서 일하는 것을 '선외활동'이라고 한다. 국제우주정거장 바깥에 있는 장치의 수리나 점검 등이 주된 업무이다. 안전을 최우선으로 하고 있지만 항상 위험에 노출되어 있어 조심해야 한다.

반드시 우주복을 입고 2인 1조로 작업을 한다.

② 로봇팔 조작

국제우주정거장에 달려 있는 로봇팔을 조작하는 것도 우주인의 업무이다. 로봇팔은 3개가 있는데, 우주선을 잡고 끌어당기거나 우주인을 이동시켜 선외활동을 보조하기도 한다.

선외활동의 범위가 넓을 때는 로봇팔로 보조한다.

③ 실험·관측

우주인은 우주 고유의 환경인 무중력상태나 진공상태를 이용하여 실험을 하거나 다양한 천체 관측을 하는 것이 주된 업무이다. 또한 지구와 교신을 하는 것도 우주인의 중요한 일이다.

연구 기관이나 기업에서 받은 의뢰에 따라 실험도 많이 한다.

제 3 장 · 우주로 날아가자!

우주인이 되기 위한 훈련 과정

우주인 선발 시험의 최종 단계에서는 ASCAN(우주인 후보) 훈련을 받는데, 정식 우주인으로 인정받으면 더 본격적인 훈련이 시작된다. 우주에 가서 임무를 완수하고 무사히 지구로 돌아오려면 강한 육체나 정신력, 각종 기술이 필요하다. 훈련은 이것들을 익히기 위해 실시된다. 사실 우주인이 우주에 있는 시간보다 이렇게 각종 적응 훈련을 소화하는 시간이 훨씬 더 길다.

훈련에 사용되는 대표 시설

존슨 우주센터

1961년에 설립된 미국 텍사스주 휴스턴에 있는 우주센터이다. 미국의 모든 유인 우주 계획을 총괄하는 본부로서, 미국항공우주국에서 운영한다. 우주개발 연구를 하며, 우주에서 쓰는 기계나 재료 등의 테스트 시설이나 우주인 훈련 시설 등의 설비가 완비되어 있다.

실험실, 훈련 시설이 있는 미국의 우주개발 중심지이다.

유리 가가린 우주인훈련센터

러시아 스타시티에 있는 러시아연방우주국의 우주인훈련센터로 1960년에 설립되었다. 선외활동 훈련을 실시하는 수영장, 소유즈 우주선 훈련 시뮬레이터, 로켓을 쏘아 올릴 때 발생하는 가속도를 견디는 훈련용 가속기 등 다양한 훈련 시설이 설치되어 있다. 러시아뿐만 아니라 세계 각국의 우주인들도 이용하는 세계적인 훈련 센터이다.

모스크바 외곽에 자리잡고 있으며 근처에 있는 숲에서 서바이벌 훈련을 실시하기도 한다.

ⓒNASA

카자흐스탄에 세워진 인류 최초로 우주 비행을 한 유리 가가린의 동상.

우주인의 필수 훈련 과정

제트기 조종 훈련

초음속 제트기를 조종하는 훈련이다. 엔진 고장 등 긴급 사태를 고려한 훈련을 할 때도 있다. 냉정한 판단력이나 강인한 정신력을 단련하기 위한 훈련으로, 1회 훈련 시간은 1시간 30분 정도이다. ASCAN(우주인 후보) 훈련에서는 총 240시간, 우주인이 되고 나서도 연간 48시간의 훈련 의무가 있다.

ⓒNASA/Jim Ross
추락이라는 위험이 따르는 고된 훈련이다.

무중력 체감 훈련

제트기를 타고 급상승한 후 가속을 멈추고 낙하하면, 낙하 중인 제트기 안은 마치 중력이 없는 것처럼 몸무게가 느껴지지 않는 무중력상태가 된다. 이런 상황을 대비해 무중력상태를 체험하는 훈련으로, ASCAN(우주인 후보) 훈련에서도 실시한다. 지상에 있을 때와는 전혀 다른 환경이므로 몸을 꾸준히 적응시켜야 한다.

ⓒjurvetson
무중력상태에 대한 대비는 필수이다.

서바이벌 기술 훈련

소유즈 우주선 모형(실제 우주선을 사용할 때도 있음)을 사용한 훈련으로, 우주에서 귀환했을 때 예정한 지점에 착륙하지 못하고 눈 쌓인 벌판이나 물 위에 불시착한다는 설정을 하여 실시한다. 우주선에서 탈출하여 캠프를 만들고 불을 일으키는 등 다양한 서바이벌 기술을 배운다.

ⓒNASA/Bill Ingalls
실제로는 사람이 없는 장소로 귀환한다.

제3장 · 우주로 날아가자!

선외활동 훈련

우주 공간에 나가서 작업을 하는 선외활동에 대한 훈련이다. 우주복을 입고 거대한 수영장 속에 잠긴 시설을 사용하여 몸을 움직이는 법이나 장치 사용법을 배운다. 실제 선외활동 시간이 6시간이므로 훈련 시간도 똑같다.

우주복을 입은 상태로 작업하는 것은 익숙해지기 전까지는 무척 어렵다.

훈련 시설이 있는 수영장은 매우 크다.

우주선·국제우주정거장 모의 훈련

소유즈 우주선이나 국제우주정거장의 실물 모형을 사용하여 실시하는 훈련이다. 다양한 스위치(우주선이나 우주정거장에 달린 버튼)의 조작 방법을 체험하면서 배우는 것이 목적이다. 또한 국제우주정거장에 설치된 로봇팔 조작이나 로켓을 쏘아 올릴 때 생기는 가속도 체험, 우주에서 하는 실험·관측 등의 모의 훈련도 전용 시설을 통해 이루어진다.

유리 가가린 우주인훈련센터의 우주선 조작 훈련 시설.

기타 훈련

지금까지 소개한 훈련 외에도 동료들끼리 단결력을 높이기 위한 야외 훈련, 해저 시설이나 동굴 속 등 스트레스가 많은 환경에서 정신력을 단련하는 훈련 등 우주인의 필수 훈련 과정은 매우 다양하다.

우주인을 향해 한 걸음 더!

우주인은 특별한 기술이 요구되는 만큼 꼭 갖춰야 하는 능력들이 있다. 과연 우주인이 되기 위해서는 어떤 능력들을 갖춰야 할까?

우주인이 되기 위한 필수 조건

1. 열심히 공부하여 폭넓은 지식을 쌓는다!
우주인에게는 일반적인 학문 지식 외에도 이과 계열의 전문 지식도 필요하다. 열심히 공부하여 여러 분야의 지식을 쌓아 두자.

2. 강인한 체력을 키운다!
야외에서 하는 서바이벌 훈련이나 가속도 대처 등 우주인은 가혹한 훈련을 소화해야 한다. 건강하고 강인한 체력을 키우지 않으면 따라가기 어렵다.

3. 냉철한 판단력과 강한 정신력을 단련한다!
예상치 못한 사고가 일어났을 때, 올바르게 대처할 수 있는가? 우주인에게 가장 필요한 소질이 바로 냉철한 판단력과 강한 정신력이다.

4. 리더십과 협동성을 기른다!
우주인은 동료들과 협력하여 임무를 완수하는 일을 한다. 때로는 리더가 되어 동료를 이끄는 리더십도 요구된다. 따라서 평소에 주변 사람들과 잘 지내며 리더십과 협동성을 키워야 한다.

쓰쿠바 우주센터에서 우주인 체험에 도전!

일본우주항공연구개발기구의 쓰쿠바 우주센터에서는 '우주인 모의 훈련·체험'이라는 프로그램을 운영하고 있다. 예약제(유료)로 대상은 초등학교 2학년 이상이다. 적성 검사나 긴급 대처 모의 훈련, 우주복을 입은 상태에서 선외활동을 하는 모의 훈련 등 다양한 훈련을 체험할 수 있다.

쓰쿠바 우주센터에서는 로켓과 인공위성, 우주복 등을 실물 모형으로 전시하고 있다.

제 3 장 · 우주로 날아가자!

우주인 선발에 관한 궁금증 Q&A

미국항공우주국의 우주인 선발에 관한 질문과 대답을 정리하였다.
알쏭달쏭 궁금한 우주인의 비밀 속으로 들어가 보자!

Q1. 우주인은 신체 조건이 있나요?
A1. 우주인은 일정한 '신체 조건'을 충족해야 한다.
키는 157.4~190.5cm, 앉은키가 99cm보다 작아야 한다. 이 조건은 우주복 제작과 우주선의 좌석 때문에 정해졌다. 몸무게는 50~95kg이어야 한다.

Q2. 눈이 나쁘면 우주인이 될 수 없나요?
A2. 시력은 좌우 1.0은 되어야 한다.
예전엔 시력 교정 수술을 받은 사람은 지원할 수 없었지만, 2007년 9월 이후 조건이 바뀌었다. 수술을 받은 경우도 가능하지만, 1년이 지난 후 부작용이 없다는 것이 확인되어야 한다.

Q3. 언어 능력도 필요한가요?
A3. 언어 능력은 기본적으로 갖춰야 하는 조건 중 하나이다.
다른 국가의 우주정거장과 교신 시 대화가 가능해야 하기 때문에 영어, 러시아어 등이 필수이다.

Q4. 우주인도 월급을 받나요?
A4. 우주인도 회사원처럼 일정한 월급을 받는다.
연봉은 최저 6만 6,000달러(약 7,514만 원), 최고 15만 8,000달러 (약 1억 7,988만 원)라고 한다.

Q5. 미국 국적이 아니어도 되나요?
A5. 국적은 반드시 미국이어야 한다.
미국항공우주국의 우주인에 지원하려면 반드시 미국 국적을 가진 사람만이 지원할 수 있다. 따라서 미국항공우주국에서는 미국 국적의 우주인만을 선발하지만, 캐나다 우주인 등 다른 국적의 우주인을 훈련시켜 주기도 한다.

제3장 · 우주로 날아가자!

우주에서 사는 것이 가능할까?

우주에서 사는 시대가 다가온다!

전 세계 인구는 약 76억 명으로 추정되고 있으며, 지금도 계속 증가하고 있다. 이 추세로 인구가 계속 늘면 가까운 미래의 인류는 살 곳을 잃게 될지도 모른다. '우주 이민'이란 단순히 우주에 가는 것에 그치지 않고 이러한 문제를 해결할 수 있는 수단이기도 하다. 현재 연구 중인 우주 이민의 계획은 어떤 것이 있고, 어떤 문제점이 있는지 알아보자.

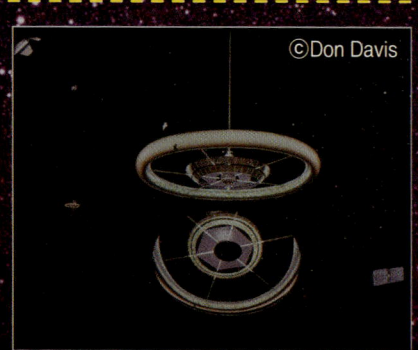
ⓒDon Davis

우주 이민 후보지 중 하나인 스페이스콜로니의 상상도.

해결해야 할 문제점

1. 자원·자재 조달
수만 명이 살 장소를 만들려면 아주 많은 자원이나 자재가 필요하다. 달이나 화성 등 다른 천체로 이주한다면 어느 정도 현지 자원을 사용할 수 있지만, 우주 공간에 이주 장소를 만들 경우에는 수송 수단도 고려해야 한다.

2. 에너지 문제
사람이 생활하려면 빛이나 열 등 다양한 에너지가 필요하다. 대부분은 전기가 있으면 해결할 수 있지만, 그 전기를 어디서 얻을 수 있을까? 태양광 발전 외에도 현지 자원을 이용한 발전 장치나 원자력 발전도 후보가 될 것이다.

3. 수송·통신 수단
자원이나 자재는 열악한 환경에서 수송 시간이 오래 걸려도 큰 문제가 되지 않지만, 사람은 지치고 견디기 힘들 수도 있기 때문에 대책이 필요하다. 또한 다른 이주 장소와 단시간에 연락을 취할 수단도 반드시 필요하다.

4. 안전 확보 수단
공기 성분이나 온도 차이, 위험한 방사선의 존재 등 우주에서의 생활은 매우 열악하다. 자칫 한번의 사고로 이주자가 다치는 일이 없도록 안전 확보 수단을 다양하게 준비해야 할 것이다.

제3장 · 우주로 날아가자!

우주 이민 계획과 장단점

스페이스콜로니 (우주인공섬)

실현도 ▶ ★★★★★

가장 실현 가능성이 높은 계획

우주 공간에 인공 거주 공간을 만들자는 계획으로 1969년 미국에서 생각해 낸 방법이다. 국제우주정거장을 거대하게 만들었다고 상상하면 알기 쉽다.

©Rick Guidice NASA Ames Research Center

다양한 모양의 콜로니를 연구 중이며 사진은 실린더형이다.

장점	단점
지구와 가까운 곳에 만든다면 수송할 때나 긴급 상황 때 피난하기 쉽다.	지구 혹은 다른 천체에서 자원이나 자재를 운반하기가 번거롭다.

달로 이민 가기

실현도 ▶ ★★★★☆

지구와 가장 가까운 유력 후보

지구에서 가장 가까운 천체인 달로 이주하는 계획은 예전부터 거론되었다. 현재 기술로는 달까지 10시간 정도면 도달할 수 있어서 자재나 사람의 이동이 수월하다.

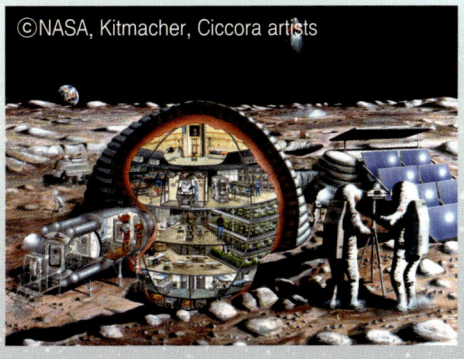
©NASA, Kitmacher, Ciccora artists

우선 우주정거장처럼 적은 인원을 거주 목표로 정할 것이다.

장점	단점
지금까지 인류가 도달한 적이 있는 장소이기 때문에 계획을 세우기 쉽다.	현재 알고 있는 범위에서는 현지에 있는 자원으로 생활하기 많이 부족하다.

화성으로 이민 가기

실현도 ▶ ★★★☆☆

지구와 비슷한 환경이 매력

화성은 표면적이 지구의 육지 면적과 비슷하고, 하루의 길이는 거의 같다. 물이 있을 가능성도 높아서 인류가 이주하기에는 이상적이다. 지구에서 가는 이동 시간을 단축할 수 있다면 가장 유력한 우주 이민 후보지가 될 것이다.

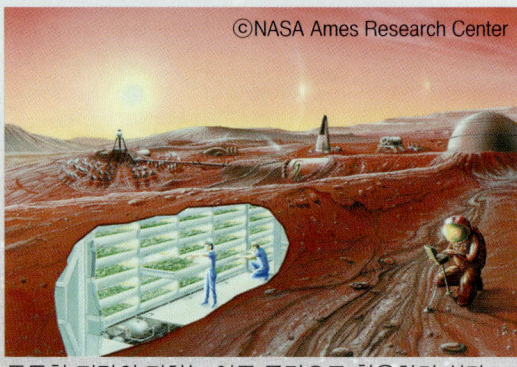
©NASA Ames Research Center
튼튼한 지각의 지하는 이주 공간으로 활용하기 쉽다.

장점	단점
지구와 비슷한 환경으로 광물자원 등의 확보도 기대할 수 있다.	태양에서 오는 에너지가 지구의 절반 정도이기 때문에 활용하기 어렵다.

금성으로 이민 가기

실현도 ▶ ★★☆☆☆

상공에서 살 수 있을 가능성

금성 지표면의 기압은 지구의 90배이고, 평균온도가 470°C에 이른다. 그러나 지표면에서 50km 올라가면 기온이나 기압이 지구와 거의 같아진다. 따라서 이 주변에 거주 공간을 만든다면 문제는 해결될 것이다.

©Anynobody
상공 50km에 거주 공간을 만드는 계획이 유력하다.

장점	단점
공중이지만 지구와 비슷한 환경을 확보할 수 있다. 지구와도 가깝다.	물이 존재할 확률은 거의 없고, 구름 성분도 황산과 이산화황이라 위험하다.

기타 천체로 이민 가기

실현도 ▶ ★☆☆☆☆

상당히 낮은 실현도

태양계 천체로 이주하는 계획으로 수성이나 소행성 등도 후보에 들어간다. 그러나 이런 곳들은 조사가 제대로 되어 있지 않아 이주에 필요한 조건이 맞는지 알 수 없다. 화성이나 금성보다 유력한 후보지가 될 가능성은 매우 낮다.

ⓒNASA/JPL

50만 개 이상 확인된 소행성 중에는 이주에 적합한 환경을 가진 천체가 있을지도 모른다.

장점	단점
수성이나 소행성에는 자원이 될 광물이나 가스가 풍부할 가능성이 높다.	조사가 불충분하기 때문에 이주 가능성이 매우 낮다.

테라포밍

실현도 ▶ ★★☆☆☆

살 수 있는 환경 만들기

지구가 아닌 다른 행성 및 위성, 기타 천체의 환경을 지구의 대기 및 온도, 생태계와 비슷하게 바꾸어 사람이 살 수 있도록 만드는 계획을 말한다. 미생물을 번식시켜 대기 성분을 바꾸는 등의 다양한 방법을 생각하고 있다. 지금까지 최적의 후보로 꼽히는 행성이 바로 화성이다.

ⓒlttiz

테라포밍된 화성의 상상도. 달이나 금성도 후보에 올라와 있다.

장점	단점
환경 자체를 변화시키기 때문에 시설의 고장·사고 등의 영향이 적다.	행성 전체의 환경을 변화시키려면 비용과 시간이 관건이다.

제3장·우주로 날아가자!

우주에 가지 않고 지구의 모습을 찍을 수 있을까?

우주에 직접 가지 않고, 우주 풍선으로 우주에서 지구를 촬영하는 사람들이 늘고 있다. 무엇을 어떻게 준비해야 하는지 알아보자.

성층권에서 지구 촬영하기

지금까지 우주에서 아름다운 지구의 모습을 바라보며 영상을 찍는 건 엄청난 경쟁률을 뚫고 실제로 우주에 갈 수 있는 우주인들만의 특권이었다. 그러나 최근에는 디지털 카메라와 같이 촬영 장치가 작고 가벼워지면서, 가스 기구의 작은 부력으로도 상공까지 촬영 장치를 옮길 수 있게 되었다. 이러한 기구를 사용한 촬영 장치를 개인이 직접 만들기도 한다.

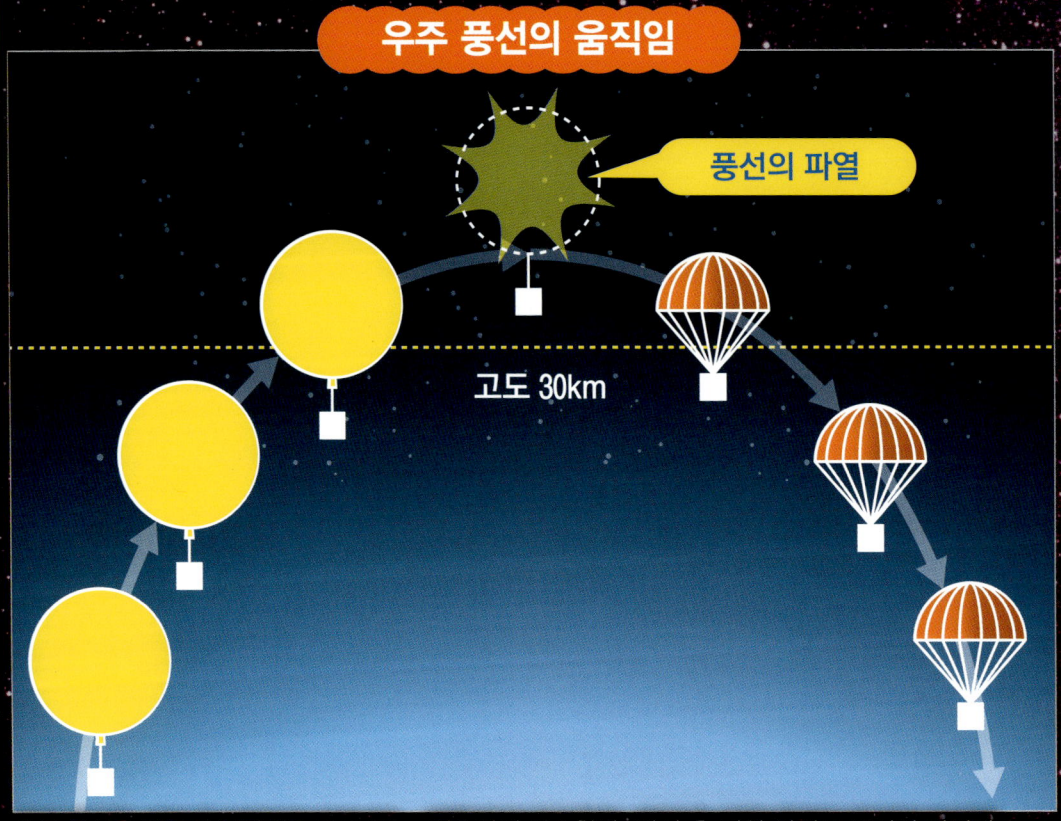

우주 풍선은 기구의 부력으로 고도 30km 전후까지 상승한다. 잠시 후 기압 차이로 풍선이 터지면 낙하산을 펴고 떨어진다.

우주 풍선

라텍스로 만든 풍선이 저렴하여 구하기 쉬운데, 고도는 20km 정도가 한계이다. 더 높은 곳까지 날리고 싶다면 기상 관측용 풍선이 필요하다.

우주 풍선의 구조

우주 풍선의 구조는 매우 단순하다. 주요 구성품은 영상을 기록하기 위한 촬영 장비, 그것을 상공까지 옮기는 풍선, 낙하할 때 속도를 떨어뜨리는 낙하산, 낙하 위치 정보를 발신하는 GPS 발신기이다.

가스(내부)

공기보다 가벼운 기체를 채워서 부력을 만든다. 수소나 헬륨이 후보에 올랐지만, 수소는 불이 쉽게 옮겨 붙어 폭발하기 쉽다. 따라서 반드시 헬륨을 사용해야 한다.

제 3 장 · 우주로 날아가자!

기구의 몸체

동영상 촬영 장치, 온도·기압·고도 등의 센서를 탑재한 장치, GPS 등을 태우는 장소이다.

감속 장치

풍선이 터진 후에 몸체의 낙하 속도를 떨어뜨리기 위한 장치이다. 낙하산을 사용하는 것이 저렴하고 효과도 높다.

우주개발에 관한 궁금증 Q&A

인류에게 꼭 필요한 우주개발에 관한 질문과 대답을 정리하였다.
알쏭달쏭 궁금한 우주개발 속으로 들어가 보자!

Q1. 우주개발은 왜 하는 걸까요?
A1. 우주는 지하자원의 보고이다.
지구의 인구는 이제 약 76억 명이 되었다. 이런 추세라면 앞으로 100억 명을 넘기는 것은 시간문제이다. 이런 인구 규모를 지탱하려면 지하자원을 비롯하여 많은 에너지와 자원이 필요한데 지구의 것만으로는 역부족이다. 그래서 지구와 가까운 다른 천체로부터 에너지나 자원을 공급받으면 좋다.

Q2. 오즈마 계획은 무엇인가요?
A2. 고등 외계 생명체의 신호를 포착하려는 계획이다.
고등 외계 생명체가 태양계로 신호를 보내고 있다는 가정하에 이 신호를 포착하려는 계획이다. 미국의 모리슨과 코니니가 계획하고 드레이크가 1960년 실행하였다.

Q3. 우주선이란 정확히 어떤 것을 말하나요?
A3. 우주에 발사된 모든 인공 천체를 말한다.
우주선은 우주에서 관측, 실험, 조사, 연구 등에 쓰이는 인공 천체를 통틀어 말한다. 로켓으로 쏘아 올린 인공위성, 사람이 타고 지구 주위를 도는 유인 인공위성, 지구 궤도를 벗어난 인공 천체 등도 모두 '우주선'이라 할 수 있다.

Q4. 우주왕복선은 재활용이 가능한가요?
A4. 다시 발사시켜 사용할 수 있다.
우주왕복선은 지구로 되돌아오고, 다시 발사시킬 수 있다. 왕복선의 구조는 궤도선과 커다란 고체로켓 부스터, 외부 연료탱크 등 3부분으로 나뉜다. 이 중 외부 연료탱크는 재사용이 불가능하다.

Q5. 우주 열차는 무엇일까요?
A5. 초전도체를 이용한 부상 열차인 '우주 행성 열차'를 말한다.
미래에는 초전도체를 이용한 '우주 행성 열차'로 우주여행을 할 수 있다고 한다. 과학자들은 빠르면 2032년부터 매년 400만 명이 우주여행을 할 것으로 전망한다.

제3장 · 우주로 날아가자!

제4장
우주 자료실

제4장에서는 우주 용어 사전, 우주개발의 역사, 사계절 별자리 등 꼭 필요한 알짜 정보만을 모았다. 우주의 다양한 정보를 통해 우주 박사가 되어 보자!

우주 용어 사전

우주 관련 책을 읽다 보면 잘 쓰지 않는 단어가 나와서 당황할 때가 있다.
특히 어려운 단어의 뜻을 여기서 차근차근 알아보자.

● **상전이**
물질의 상태가 다른 상태로 바뀌는 현상을 '상전이'라고 한다. 흔히 볼 수 있는 예로 액체인 물이 0℃ 이하인 상태에서 고체인 얼음이 되거나 100℃ 이상인 상태에서 기체인 수증기로 변하는 것도 상전이 중 하나이다. 아직 밝혀지지 않은 부분도 많지만, 우주가 탄생한 순간에는 이 상전이 때문에 소립자나 다양한 에너지가 생겨났을 거라고 추측된다.

● **태양풍**
태양풍은 태양에서 불어오는 바람으로 양성자와 전자 등 미립자들이 포함되어 있다. 또한 태양풍은 태양의 표면에서 강력한 폭발이 일어나면서 지구에까지 영향을 미친다. 그리고 이러한 태양풍은 지구의 극지방에 아름다운 오로라를 만들기도 한다.

● **핵융합**
1억℃ 이상의 고온이 되면 가벼운 몇 개의 원자핵이 융합하여 더 무거운 원자핵이 되는데, 이 과정에서 에너지가 방출되는 현상이다. 지구상의 생명체를 형성하고 있고 그 유지를 위해 필수적인 탄소와 산소 같은 원소들도 핵융합과정을 거쳐 만들어진 것이다. 과학자들은 인공적인 핵융합을 통해 에너지를 얻으려는 노력을 하고 있다. 핵융합에서는 핵분열과는 달리 방사성 원소가 만들어지지 않기 때문이다. 따라서 핵융합이 성공한다면 보다 안전하게 에너지를 얻을 수 있는 길이 열리는 것이다.

● **오로라**
고위도 지방의 하늘에 나타나는 발광 현상을 말한다. 오로라는 라틴어로 '새벽'이라는 뜻이며 '극광'이라고도 한다. 공기의 흐름에 따라 커튼 무늬나 레이스 모양 등으로 펼쳐지며, 충돌하는 공기 분자에 따라 분홍색, 초록색, 자주색 등 색깔이 달라진다.

● **광년**
빛이 진공 속에서 1년 동안 진행한 거리로 천체와 천체 사이의 거리를 나타낼 때 쓰인다. 천문단위(AU)·파섹(pc)과 더불어 멀리 떨어진 천체들 사이의 거리를 재는 데 쓰인다. 빛은 진공 속에서 1초 동안에 약 30만km를 진행하므로 1년간 도달하는 거리인 1광년은 약 9조 5000억km이다.

● **주계열성**
수소 핵융합 반응으로 에너지를 안정적으로 발산하는 별을 말한다.

대부분의 별들이 이 단계에서 80~90%를 보낸다. 별의 중심부에서 일어나는 수소 핵융합 반응으로 빛을 내며, 질량이 클수록 표면 온도가 높고 더 밝아진다.

● 적색거성

중심핵에서 수소의 연소가 끝나 진화 단계에 있는 별로 반지름이 크고 표면 온도가 낮아 적색을 띤다. 본래 크기보다 100배 가까이 팽창한다. 전갈자리의 안타레스, 오리온자리의 베텔게우스, 고래자리의 미라가 이에 속한다.

● 초신성

진화의 마지막 단계에 이른 별은 폭발하면서 생기는 엄청난 에너지를 순간적으로 방출한다. 그 밝기가 평소의 수억 배에 이르렀다가 서서히 낮아지는데 이 현상을 '초신성'이라고 한다. 초신성의 중심에서는 중성자별이나 블랙홀이 형성되는 것으로 알려져 있다.

● 중성자별

초신성의 중심핵이 붕괴될 때 중심핵의 밀도가 엄청나게 증가하는데, 이때 중성자 압력이 증가하여 멈추면서 '중성자별'이 탄생한다. 현재까지 2000여 개의 중성자별이 발견되었다.

● 백색왜성

태양의 0.4~8배 이하의 질량을 지닌 별들이 진화 끝에 도착하는 종착지이다. 밀도가 높고 흰빛을 내는 작은 항성으로 지름은 지구와 비슷하고 질량은 태양과 비슷하다. '시리우스 동반성'이 이에 포함된다.

● 퀘이사

블랙홀이 주변 물질을 집어삼키는 에너지에 의해 형성되는 거대 발광체로 '준항성상 천체'라고도 한다. 지구에서 관측할 수 있는 가장 먼 거리에 있는 천체이다. 퀘이사는 보통 은하의 수백 배에 이르는 막대한 에너지를 방출하며, 현재까지 퀘이사는 2만 개 이상 발견되었다고 한다.

● 성간가스

별과 별 사이의 공간을 대부분 차지하는 기체를 말한다. 수소와 헬륨을 주성분으로 하는 원자와 분자로 이루어져 있다.

● 왜소행성

2006년 8월 국제천문연맹에서 태양계의 행성에 대한 분류법을 새로 개정하면서 만들어진 천체의 한 종류이다. 소행성과 행성의 중간 단계의 천체를 분류할 때 쓰인다. 국제천문연맹이 공식적으로 인정한 왜소행성으로는 세레스, 명왕성, 에리스, 하우메아, 마케마케 총 5개가 있다.

● 중력

지구상에서 들고 있던 공을 놓으면 공은 지구 중심 방향을 향해 아래로 떨어진다. 지구와 물체 사이에 힘이 작용하기 때문이다. 이처럼 지구와 물체가 서로 당기는 힘을 '중력'이라고 한다. 물체의 질량이 클수록, 지구에 가까울수록 중력이 커진다.

● 대적점
목성의 남위 20도 부근에서 붉은색으로 보이는 타원형의 긴 반점을 말한다. 목성 사진을 보면 밝고 어두운 평행 줄무늬와 대적점을 쉽게 확인할 수 있다. 1878년 처음으로 관측되어 관심을 받았으며, 대적점의 크기는 오랜 시간에 걸쳐 서서히 변한다고 한다.

● 대암점
해왕성 표면에서 관측되는 어두운 부분을 말하는데, '대흑점'이라고도 불린다. 1989년 보이저 2호에 의해 최초로 관측되었다. 또한 1994년 허블우주망원경이 해왕성을 촬영할 때, 보이저 2호에 의해 관측된 남반구의 대암점은 사라지고, 북반구에 새로운 대암점이 관측되었다.

● 마이크로파
전파를 파장에 의해 분류한 것 중 하나로, 파장의 범위가 1mm~1m 사이의 전파를 말한다. 공기, 유리, 종이 등을 잘 통과하며 금속에 의해 반사되고, 식품이나 물에는 잘 흡수되는 성질을 가지고 있다. 흡수된 마이크로파는 열로 변환되기 때문에 전자레인지에 활용되고 있다.

● 우주정거장
지구 궤도에 건설되는 대형 우주 구조물로 사람이 반영구적으로 생활하면서 우주실험이나 우주관측을 하는 기지를 말한다. 우주정거장 안은 지구 중력의 1백만 분의 1정도로 무중력상태에 가깝기 때문에 물체의 무게를 느낄 수 없으며, 물체를 고정하지 않아도 떨어지지 않는다. 즉 아래위의 개념이 없다. 이러한 환경을 이용하여 지구상에서는 지구 중력 때문에 불가능한 순도 100%의 결정체를 만들 수 있다. 또한 우주정거장에서는 밤낮의 구분이 명확하지 않고, 태양이 하루에 여러 번 떴다 진다. 우주인들은 이러한 상황에서 잠을 자기 위하여 수면 마스크를 착용하고 고정대를 사용한다고 한다.

● 기상위성
기상 관측만을 주목적으로 설계하여 발사된 위성을 말한다. 기상위성은 저기압 또는 전선 등의 정확한 위치와 크기, 태양광선의 반사량 등을 관측한다. 일기 예보나 태풍의 진로 확인에 중요한 역할을 한다.

● 태양광
태양에서 나와 지구에 도달하는 빛을 '태양광'이라고 한다. 또한 태양광 발전은 태양의 빛에너지를 직접 전기에너지로 변환시키는 발전 방식을 의미한다. 이는 부분적으로 빛을 이용하는 것이기 때문에 흐린 날에도 이용이 가능하고, 이용 효율이 열발전에 비해 높다.

● 우주식
무중력상태로 로켓 안이라는 한정된 공간에서 식사를 해야만 하는 우주인들을 위해 만들어진 식품을 말한다. 영양과 위생까지 모두 고려해야 하는 것은 물론, 음식물이 공중에 흩날리지 않도록 해야 한다. 또한 배설물도 가능한 적게 할 수 있게 도와주는 등 특수한 배려가 필요한 음식이다. 미국에서는 연료전지에서 얻어지는 물을 이용하여 환원시킬 수 있는 냉동건조식품이 가장 적합할 거라고 판단했고, 가볍고 취급이 간편한 것을 다양하게 개발하였다. 아폴로 계획에 사용된 우주식은 1인분이 약 450g에 지나지 않았다. 가볍고 부피가 작지만 단백질·지방·탄수화물·비타민·무기질 등이 충분히 들어가 있다.

● **X 선**

X선은 눈에 보이지 않는 빛의 종류 중 하나이다. X선은 물질을 잘 통과하는 성질이 있어 몸속에 있는 뼈를 촬영할 때 쓰인다. X선은 1895년 독일에 사는 뢴트겐이라는 학자가 발견하였다. 어느 날 뢴트겐은 다른 실험에 몰두하고 있었는데, 우연히 사람의 몸을 통과하는 광선을 발견하게 되었다. 이 알 수 없는 광선을 'X선'이라고 이름 지은 것이다.

● **제1우주속도**

지구에서 쏘아 올린 물체가 지구 주위를 돌거나 다른 천체에 도달하는 데 필요한 속도를 '우주속도'라고 한다. 우주속도에는 '제1우주속도', '제2우주속도', '제3우주속도'가 있다. 그중 물체가 지구 둘레를 타원이나 원 궤도로 비행하는 데 필요한 최소 속도인 초속 7.9km를 '제1우주속도'라고 한다.

● **자기권**

각 행성의 자기장에 지배되는 공간을 말한다. 자기권은 수성·목성·토성 등 자기장을 가진 행성 주변에 존재한다. 특히 지구자기장에 지배되는 공간을 '지구 자기권'이라 부른다.

● **대기**

대기는 지구 주위를 둘러싸고 있는 여러 기체들을 가리킨다. 대기권을 구성하고 있는 기체를 통틀어 말하기도 한다. 주로 질소(약 78%)와 산소(약 21%)로 이루어져 있다. 그 밖에도 이산화탄소, 수증기, 아르곤 등과 고체 알갱이 등도 포함하고 있다.

● **핼리 혜성**

핼리 혜성은 약 76년을 주기로 태양의 주위를 돌고 있는 혜성을 말한다. 핼리 혜성은 그 궤도와 궤도 주기를 처음으로 알아낸 영국 천문학자인 핼리의 이름을 따서 붙여졌다. 마지막으로 나타난 연도는 1986년이었으므로, 2061년에 다시 나타날 것이라고 예측하고 있다.

● **적외선**

적외선은 파장이 가시광선보다 길고 눈에 보이지 않는 빛을 말한다. 눈에 보이는 빛인 가시광선 중에서 파장이 붉은색을 띠는 빛보다 긴 빛은 우리 눈에 보이지 않는다. 적외선은 이 범위에 있는 빛이기 때문에 눈에 보이지 않는다. 적외선 카메라를 이용하면 깜깜한 밤에도 사물을 볼 수 있다.

세계 우주개발의 역사

우주개발의 목적

우주를 개발하는 데는 다양한 목적이 있다. 근본적으로는 탐사를 통해 태양계를 포함한 우주를 더 잘 이해하는 것이다. 또한 고갈된 자원을 우주에서 채취하거나 인류의 새로운 거주환경을 개척할 수도 있다. 그뿐 아니라 우주개발 사업에서 얻게 된 첨단 기술은 자동차, 통신, 의료 등 민간사업에도 활발하게 활용된다.

• 우주 기술의 발전 단계

1. 1950년대(우주개발의 시작)
1957년 소련은 세계 최초로 인공위성 스푸트니크 1호를 발사하였다.

2. 1960년대(달 탐사)
달의 내부 구조, 나이, 구성 암석 등을 알게 되었다. 1969년에는 인류 최초로 아폴로 11호를 타고 달 착륙에 성공하였다.

3. 1970년대(태양계 행성 탐사)
태양계 행성의 표면 모습, 대기, 고리 등을 알게 되었다.

4. 1980년대(탐사 장비 개발)
1981년 미국항공우주국이 발사한 세계 최초의 우주왕복선 컬럼비아호를 시작으로 챌린저호, 디스커버리호 등이 발사되었다.

5. 1990년대(우주탐사)
다양한 장비로 우주탐사가 진행되었으며, 특히 허블우주망원경이 1990년에 발사되어 현재까지 사용되고 있다.

6. 2000년대 이후(국가 간 협력)
우주개발을 위한 국가 간 협력이 늘어나게 되었다. 2004년에는 스피릿-오퍼튜니티 쌍둥이 탐사 로봇이 화성 표면을 탐사하였다.

ⓒNASA

1984년 8월에 처음 발사된 미국의 세 번째 우주왕복선, 디스커버리호.

우리나라의 우주개발

우리나라는 1992년 8월 우리나라 최초의 인공위성인 우리별 1호를 제작하여 발사하는 데 성공하였다. 그 후 1993년 9월에 우리별 2호를, 1999년 5월에는 우리별 3호를 성공적으로 발사하였다. 2003년에는 적외선 천문관측위성인 과학기술위성 1호가 발사되었다.

●우리나라 인공위성의 종류

위성 이름	발사 연도 및 위성의 종류
우리별 1호(우리별 3호까지 발사)	1992년 발사, 최초 우리나라 위성, 과학실험위성
무궁화 1호(무궁화 3호까지 발사)	1995년 발사, 방송통신위성
아리랑 1호(아리랑 5호까지 발사)	1999년 발사, 다목적실용위성
과학기술위성 1호(과학기술위성 3호까지 발사)	2003년 발사, 우주관측위성
천리안(천리안 2A호까지 발사)	2010년 발사, 정지궤도위성

발사체(로켓)
우리나라는 1990년부터 고체연료를 쓰는 과학로켓 개발에 뛰어들었다. 2018년 11월에는 한국형 발사체인 누리호 엔진 시험발사체 발사가 성공리에 이루어졌다.

달 탐사 계획
미국항공우주국이 2020년부터 무인 탐사선을 달로 쏘아 올리는데, 여기에 싣게 될 장비를 우리나라가 만들 예정이다.

우리나라 최초의 우주인
2008년에는 우리나라 최초의 우주인이 탄생했다. 전 세계적으로는 475번째, 여성으로서는 49번째 우주인이 된 이소연 박사가 그 주인공이다. 이소연 박사는 10일 동안 국제우주정거장에 머물면서 다양한 우주 과학 실험을 마치고 돌아왔다.

세계의 우주 발사장

우주 발사장을 보유하고 있는 나라는?

현재 우주발사체(우주로켓) 발사장을 갖춘 나라는 우리나라를 비롯하여 미국, 러시아, 중국, 일본, 프랑스, 브라질, 카자흐스탄, 오스트레일리아, 이스라엘 등이 있다. 가장 많은 발사장을 보유하고 있는 나라는 미국으로 현재 10개의 발사장을 운영하고 있다.

국명	발사장명	국명	발사장명
대한민국	나로우주센터	러시아	플레세츠크
미국	케이프커내버럴 공군기지		돔바로브스키
	케네디우주센터		캐프시틴 야르
	반덴버그 공군기지		스보브도니
	월롭스 섬	카자흐스탄	발리코누르
	에드워드 공군기지	이스라엘	팔마힘
	알래스카 코디악	파키스탄	손미아니
	화이트샌즈 미사일기지	인도	스리하리코타
	캘리포니아 스페이스 포트	중국	시창
	플로리다 스페이스 포트		주취안
	해상발사장		타이위안
프랑스령 기아나	쿠루	오스트레일리아	우메라
브라질	알칸타라	일본	다네가시마
			우치노우라

제4장 · 우주 자료실

대표적 우주 발사장

발사장의 대부분은 안전상의 문제 때문에 바닷가에 위치하고 있다. 그러나 국가의 지형상 바닷가에 위치하기 어려운 경우에는 사람이 살지 않는 사막이나 산속에 위치하기도 한다.

나로우주센터
2009년 6월 전라남도 고흥군에 건설되었다. 우리나라의 자체 기술로 인공위성을 우주 공간으로 쏘아 올리기 위해 건설된 최초의 우주발사체 발사장이다.

케네디우주센터
미국의 로켓 발사장으로 1960년대 초 아폴로의 달 착륙 프로그램을 지원하기 위해 건설되었다. 총면적 1억 7천만 평의 광활한 면적을 보유하고 있으며, 동시에 2개의 거대한 로켓을 쏘아 올릴 수도 있다.

주취안발사장
1958년에 건설된 후, 무인 우주선 시리즈인 선저우 1~4호를 모두 우주에 쏘아 올렸다. 또한 유인 우주선 선저우 5호까지 발사하였다.

다네가시마우주센터
일본 가고시마현 다네가시마에 있는 대형 로켓 발사장으로 일본 최대 우주개발 시설이다. 2006년 이후 일본의 모든 인공위성과 로켓은 전부 이곳에서 쏘아 올리고 있다.

케이프커내버럴 공군기지
미국 플로리다주 케이프커내버럴에 있는 미국 공군기지이다. 1950년부터 총 47개의 발사 시설이 설치되었다. 현재는 4개의 발사 시설만이 사용 중이며, 2개는 예비용이다.

플레세츠크우주센터
모스크바에서 800km 북쪽에 위치한 러시아의 우주센터이다. 플레세츠크우주센터는 러시아의 대륙간 탄도 미사일 발사장이다.

미국 플로리다주 메리트 섬에 위치한 케네디우주센터.

케이프커내버럴 공군기지.

별자리의 세계 속으로!

밤하늘에 빛나는 별자리는 계절에 따라 위치가 바뀐다.
계절별 특징을 기억해서 별자리 찾기에 빠져 보자!

별자리란 무엇일까?

하늘의 별들을 쉽게 찾아내기 위해 몇 개씩 이어서 그 형태에 동물, 물건, 신화에 나오는 인물의 이름을 붙인 것을 '별자리'라고 한다. 현재는 국제적인 표준 별자리 88개를 사용하고 있다.

사라진 별자리

- 88개 별자리에서 제외된 별자리들

  - 아르고자리
  - 왕홀자리
  - 인쇄실자리
  - 큰구름자리
  - 작은구름자리
  - 감시자 메시에자리
  - 경기구자리
  - 사분의자리
  - 작은삼각형자리
  - 조지의 거문고자리
  - 티그리스자리
  - 찰스의 떡갈나무자리
  - 전기기계자리
  - 순록자리
  - 올빼미자리
  - 허쉘의 망원경자리
  - 개똥지빠귀자리
  - 마에날루스산자리
  - 고양이자리
  - 지렁이자리
  - 북쪽파리자리
  - 측정색자리
  - 안티노우스자리
  - 케르베로스자리
  - 해시계자리

계절에 관계없이 항상 볼 수 있는 별자리

우리나라의 북쪽 하늘에서는 북극성 부근에 있는 별자리들을 계절에 관계없이 항상 볼 수 있다. 북두칠성, 작은곰자리, 큰곰자리, 북극성, 카시오페이아자리, 케페우스자리 등이 속한다.

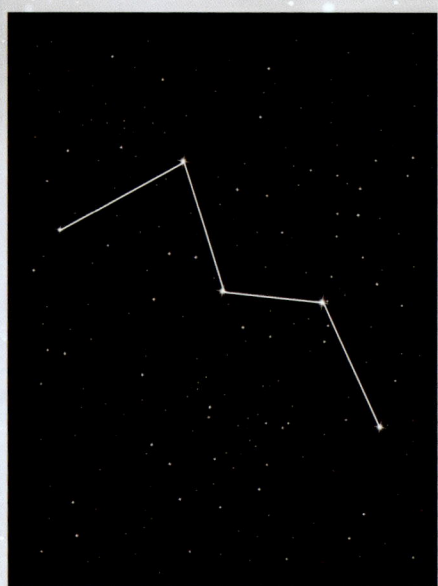

카시오페이아자리는 북쪽 하늘의 별자리로 사계절 볼 수 있다.

국제천문연맹이 인정한 88개의 별자리

별자리 이름	의미
안드로메다자리	안드로메다(신화 속 인물)
외뿔소자리	유니콘
궁수자리	궁수
돌고래자리	돌고래
인디언자리	인디언
물고기자리	물고기
토끼자리	토끼
목동자리	목동
바다뱀자리	히드라(신화 속 인물)
에리다누스자리	에리다누스강(신화 속 지명)
황소자리	황소
큰개자리	커다란 개
이리자리	이리
큰곰자리	커다란 곰
처녀자리	처녀
양자리	양
오리온자리	오리온(신화 속 인물)
화가자리	이젤(그림을 그릴 때 그림판을 놓는 틀)
카시오페이아자리	카시오페이아(신화 속 인물)
황새치자리	황금 물고기
게자리	게
머리털자리	베레니케 2세(이집트의 왕)의 머리털
카멜레온자리	카멜레온
까마귀자리	까마귀
북쪽왕관자리	북쪽 왕관
큰부리새자리	큰부리새
마차부자리	마차부(마차를 모는 사람)
기린자리	기린
공작자리	공작
고래자리	바다의 괴물(고래)
케페우스자리	케페우스(신화 속 인물)
켄타우루스자리	켄타우로스(신화 속 인물)
현미경자리	현미경
작은개자리	작은 개
조랑말자리	조랑말
여우자리	여우
작은곰자리	작은 곰
작은사자자리	작은 사자
컵자리	컵
거문고자리	거문고
컴퍼스자리	제도용 컴퍼스
제단자리	제단
전갈자리	전갈
삼각형자리	삼각형
사자자리	사자
직각자자리	직각자
방패자리	소비에스키(폴란드의 왕 얀 3세)의 방패
조각칼자리	조각칼
조각가자리	조각가
두루미자리	두루미
테이블산자리	테이블 마운틴(남아프리카공화국에 있는 산)
천칭자리	천칭
도마뱀자리	도마뱀
시계자리	진자 시계
날치자리	날치
고물자리	배의 끝부분
파리자리	파리
백조자리	백조
팔분의자리	팔분의(항해에 쓰는 측량 기계)
비둘기자리	노아(신화 속 인물)의 비둘기
극락조자리	극락조
쌍둥이자리	쌍둥이(신화 속 인물)
뱀주인자리	뱀주인
뱀자리	뱀
헤르쿨레스자리	헤라클레스(신화 속 인물)
페르세우스자리	페르세우스(신화 속 인물)
망원경자리	망원경
불사조자리	피닉스(신화 속 새)
공기펌프자리	공기 펌프
돛자리	배의 돛
물병자리	물병
물뱀자리	작은 물뱀
남십자자리	남쪽의 십자
남쪽물고기자리	남쪽의 물고기
남쪽왕관자리	남쪽의 왕관
남쪽삼각형자리	남쪽의 삼각형
염소자리	염소
살쾡이자리	살쾡이
화살자리	화살
나침반자리	나침반
용골자리	배의 용골
용자리	용
사냥개자리	사냥개
그물자리	그물
육분의자리	육분의
화로자리	화로
독수리자리	독수리
페가수스자리	페가수스(신화 속 생물)

봄철 별자리

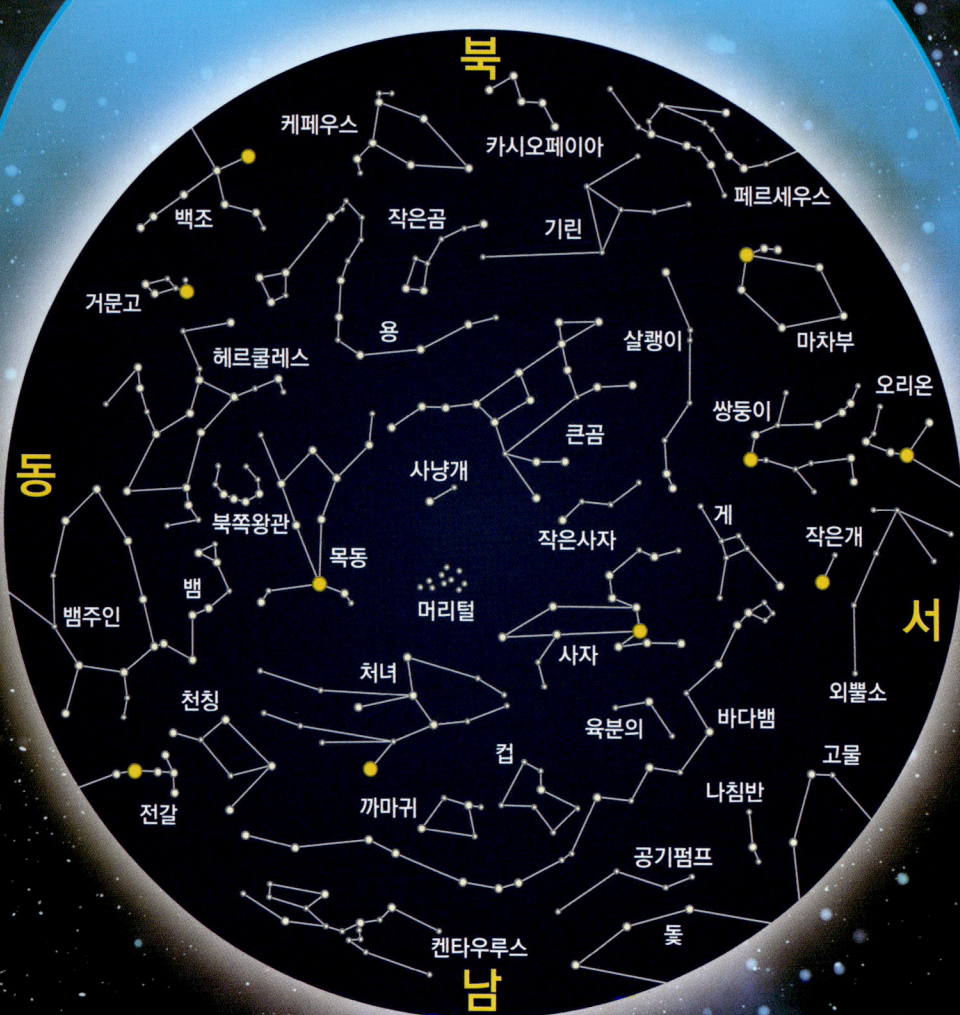

★봄철 대표 별자리는 처녀자리★

3월 오전 0시, 4월 오후 10시, 5월 오후 8시경 하늘의 모습이다. 찾기 쉬운 별자리는 큰곰자리, 처녀자리, 목동자리 등이다. 큰곰자리의 꼬리에 해당하는 부분은 '북두칠성'이라고 불리는데, 봄철 별자리를 찾는 데 길잡이 역할을 해 준다.

여름철 별자리

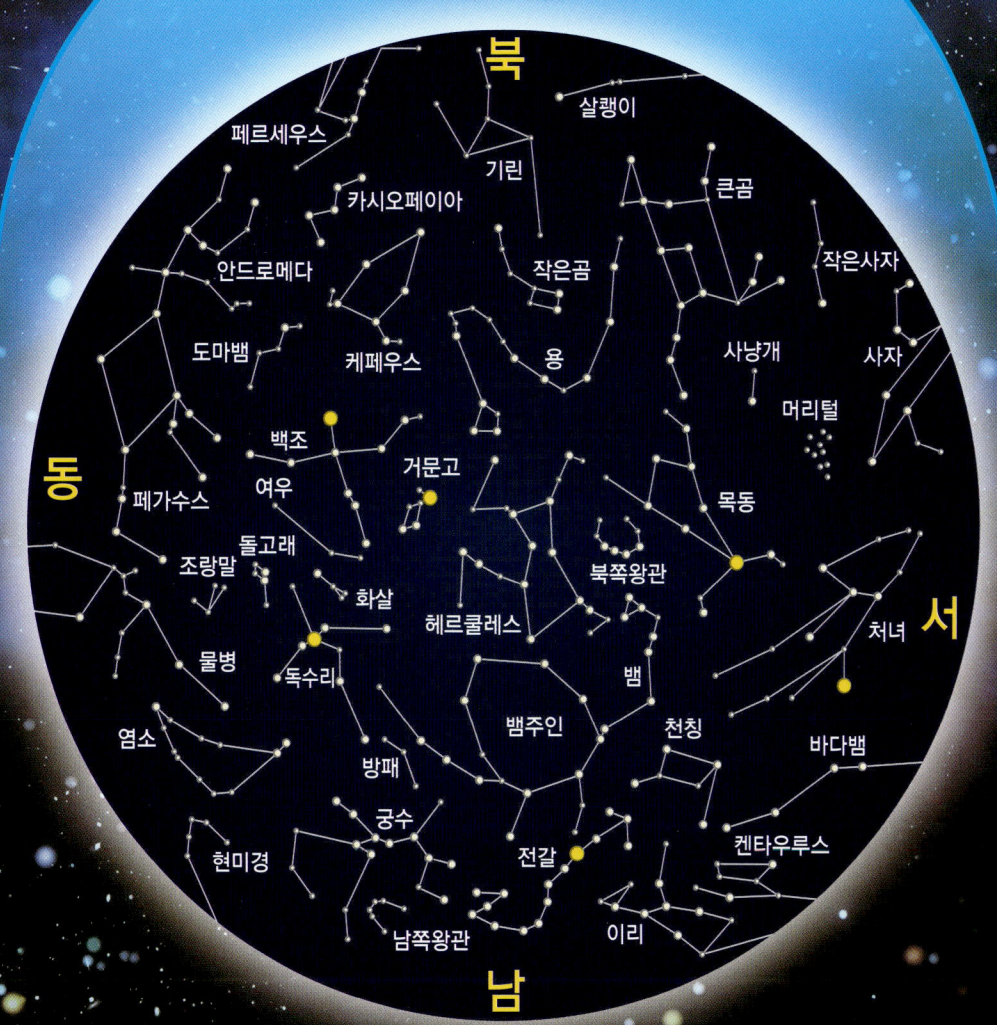

★여름철 대표 별자리는 백조자리★

6월 오전 0시, 7월 오후 10시, 8월 오후 8시경 하늘의 모습이다.
백조자리(데네브), 독수리자리(알타이르), 거문고자리(베가)가 특히 밝게 빛난다.
이 3개의 별을 이은 삼각형을 '여름철 대삼각형'이라고 한다.
알타이르와 베가는 칠월칠석에 만난다는 전설 속 견우와 직녀이다.

가을철 별자리

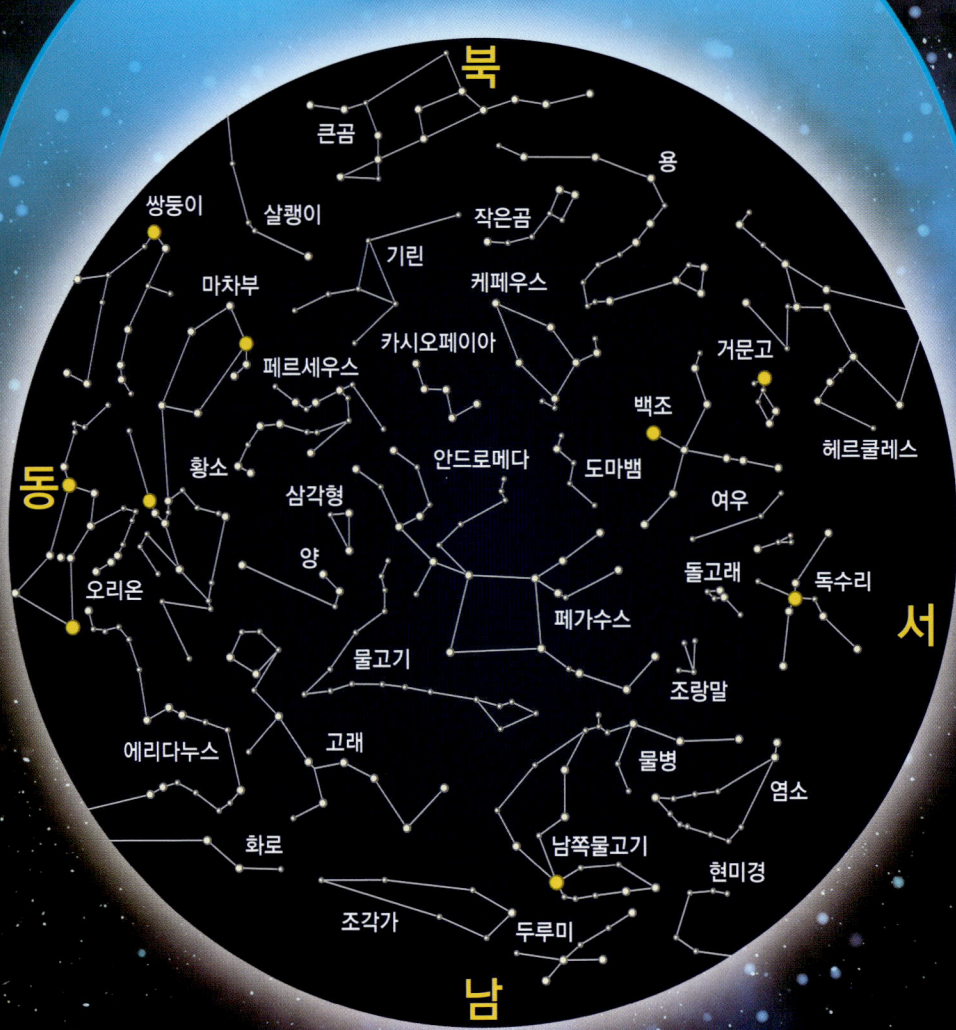

★가을철 대표 별자리는 페가수스자리★

9월 오전 0시, 10월 오후 10시, 11월 오후 8시경 하늘의 모습이다. 카시오페이아자리와 안드로메다자리가 밝게 빛난다. 또한 페가수스자리도 주변에 밝은 별이 없기 때문에 찾기 쉽다. 페가수스자리의 몸통 부분인 사각형 모양을 '가을철 대사각형'이라고 한다.

제4장 · 우주 자료실

겨울철 별자리

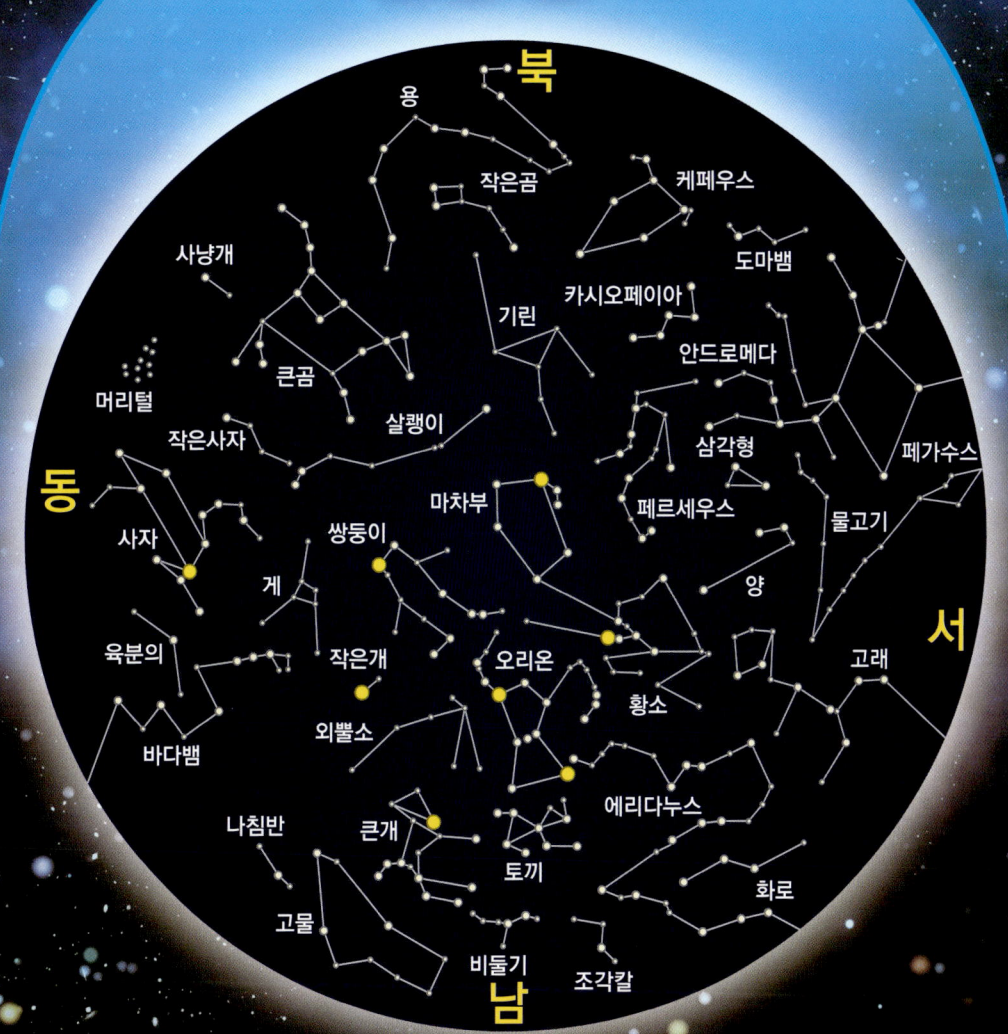

★겨울철 대표 별자리는 오리온자리★

12월 오전 0시, 1월 오후 10시, 2월 오후 8시경 하늘의 모습이다. 겨울의 청정한 공기 덕분에 별자리를 찾기 쉬운데, 그중에서도 큰개자리(시리우스), 작은개자리(프로키온), 오리온자리(베텔기우스)는 유난히 더 밝게 빛난다. 이들 별을 이은 삼각형을 '겨울철 대삼각형'이라고 한다.

색인

ㄱ
갈색왜성 48
개기월식 84
개기일식 83
거대 충돌설 82
게자리 55e 56
곰벌레 59
국제우주정거장 102, 111
금성 27, 77

ㄴ
나선은하 20

ㄷ
닫힌 우주 45
달의 암석 86
대류권 15
대암점 94, 148
대적점 91, 148
동시 생성설 82

ㄹ
라이카 109
렌즈상은하 21

ㅁ
명왕성 34, 95
목성 30, 91
목성형 행성 23
무중력상태 16, 63, 65, 66
미르 110

ㅂ
반사성운 19
반영식 84
발칸 76
방출성운 19
백색왜성 47, 48, 147
베가 17
부분월식 84
부분일식 83
분리설 82
불규칙은하 21
브레드포트 돔 80

ㅂ (계속)
블랙홀 8, 47, 49
빅뱅 42, 43

ㅅ
살루트 1호 110
상전이 43, 146
성간가스 19, 47, 147
성운 70
성층권 15
세레스 90
소유즈 104, 105, 127
소행성 35
소행성대 90
수성 26, 75, 76
스푸트니크 1호 106
시리우스 46

ㅇ
암흑물질 51, 52
암흑성운 19
암흑에너지 52
열권 15
열린 우주 45
오로라 73, 146
온실효과 27, 77
왜소행성 34, 95, 147
외계인 58
외기권 15
우주먼지 19
우주멀미 66
우주배경복사 42
우주복 64, 118, 119
우주식 122, 148
우주쓰레기 61
우주왕복선 105
우주인 66, 130, 136, 137
우주정거장 110
운석 37
원시행성계원반 70
월식 84
유성 37
유성우 37

ㅇ (계속)
인공위성 106, 108
일식 83

ㅈ
적색거성 17, 48, 74, 147
제1우주속도 108, 149
주계열성 47, 48
중간권 15
중성미자 53
중성자별 47, 48, 50, 147
지구 28
지구형 행성 23

ㅊ
천왕성 32, 93
천왕성형 행성 23
초신성 47, 48, 147

ㅋ
퀘이사 54, 147
큐리오시티 114
크레이터 10, 26, 75, 80

ㅌ
타원은하 20
태양 25
태양풍 73, 97, 146
테라포밍 141
토성 31, 92

ㅍ
평탄 우주 45
포획설 82
표면장력 62

ㅎ
해왕성 33, 94
해왕성바깥천체 96
핵융합 47, 72, 146
행성상성운 48
허블 44
허블우주망원경 93, 113
헬리오포즈 99
혜성 36, 79, 97, 98
화성 29, 46, 88, 89

SPACE

신기하고 놀라운
인공 지능의 세계!

《우리 아이 창의력을 키워 주는 **똑똑한 인공지능백과**》에서 인공 지능에 관한 궁금증을 모두 해결해 보세요.

김수경 지음, 정주연 그림, 김선주 감수

호기심을 풀어 주는
어린이 과학 백과 현 16권

SPACE

크리에이터 대회에서 우승하라!

《수학 유령의 미스터리 크리에이터 수학》을 보며 재밌고 기발한 콘텐츠로 일등 크리에이터에 도전해 보세요.

정재은 지음, 도니패밀리 그림, 이지연 감수

교과서 연계 수학 개념·원리
스토리텔링 수학 현15권